HAUSSMANN CONSERVATEUR DE PARIS

OUVRAGES DE FRANÇOISE CHOAY

L'URBANISME, UTOPIES ET RÉALITÉS : UNE ANTHOLOGIE, Seuil, 1965.

LA RÈGLE ET LE MODÈLE. SUR LA THÉORIE DE L'ARCHITECTURE ET DE L'URBANISME, Seuil, 1980 ; nouvelle édition revue et corrigée, 1996.

DICTIONNAIRE DE L'URBANISME ET DE L'AMÉNAGEMENT, codirection avec Pierre Merlin, avant-propos et nombreux articles, Presses universitaires de France, 1988 ; 2ᵉ éd. revue et augmentée, 1996 ; 3ᵉ éd. revue et augmentée, 2010.

L'ALLÉGORIE DU PATRIMOINE, Seuil, 1992 ; 3ᵉ édition revue et corrigée, 1999.

POUR UNE ANTHROPOLOGIE DE L'ESPACE, Seuil, 2006.

LE PATRIMOINE EN QUESTIONS, Seuil, 2009.

© ACTES SUD, 2013
ISBN 978-2-330-02221-1

Françoise Choay
Vincent Sainte Marie Gauthier

HAUSSMANN
CONSERVATEUR
DE PARIS

ACTES SUD

AVANT-PROPOS

Si Paris est aujourd'hui la ville la plus visitée du monde, c'est incontestablement grâce au travail mené durant les dix-sept années de son édilité (1853-1870) par Haussmann.

Mais l'œuvre accomplie à Paris par le Préfet ne prend son plein sens qu'à la situer dans le cadre de la mondialisation. Autrement dit, de la révolution culturelle, sans équivalent depuis la sédentarisation de l'espèce humaine, et qui, aujourd'hui, promeut identiquement à travers le monde les mêmes instruments techniques (moyens de transport et de communication) et les mêmes types d'agglomérations humaines[1]. Or, les travaux des anthropologues nous le rappellent, et Lévi-Strauss l'a énoncé dans un article célèbre, "il n'y a pas, il ne peut y avoir, une civilisation mondiale au sens absolu que l'on donne souvent à ce terme, puisque la civilisation implique la coexistence de cultures offrant entre elles le maximum de diversité, et consiste même en cette coexistence[2]".

Sans que le phénomène ait donné lieu à une prise de conscience, c'est bien de cette résistance à la mondialisation,

1. Raison pour laquelle je proposais en 1998 au ministère de l'Équipement, des Transports et du Logement de l'appeler "révolution électrotélématique" (cf. *Pour une anthropologie de l'espace*, note p. 229, Paris, Seuil, 2006).
2. *Race et Histoire*, 1952, coll. "La question raciale devant la science moderne", Paris, Unesco, republié avec "Race et culture", in *Race et Histoire, Race et Culture*, Paris, Albin Michel, 2001.

grâce à la conservation de son identité particulière, que Paris tient aujourd'hui sa séduction.

Dès 1969, je soulignais, dans un essai paru en anglais aux États-Unis *(The Modern City Planning in the 19th Century[1])*, le rôle pionnier joué par Haussmann dans l'aménagement de la ville occidentale à l'ère industrielle.

Mais je souhaitais pouvoir dépasser le schématisme de cet ouvrage et décidai à cette fin de rééditer les *Mémoires* du célèbre Baron. Naïveté de ma part : ce fut seulement après vingt années de refus sans appel opposés par les maisons d'édition françaises que, grâce à la générosité du Centre national du livre, qui en assura l'entier financement, je pus enfin entreprendre avec Vincent Sainte Marie Gauthier la première réédition intégrale des *Mémoires*[2].

Cette réédition était, en outre, assortie d'un important apparat critique, composé non seulement de plans et d'index (noms propres, lieux, monuments), mais d'une double introduction dressant l'extraordinaire bilan technique et social du travail haussmannien.

D'entrée de jeu, nous rappelions comment Haussmann avait, en 1851, refusé le poste de préfet de police que lui offrait le Prince-Président après son coup d'État, puis, en 1853, accepté les fonctions, non policières, de préfet de la Seine que lui proposait le ministre de l'Intérieur, Persigny.

Au plan technique, nous signalions chez Haussmann la première approche globale de Paris et de sa banlieue en vue d'un inventaire exhaustif des mesures à prendre dans le cadre de la révolution industrielle. Le Préfet n'a pris aucune mesure concrète avant d'avoir dressé un état exhaustif des lieux. À cette fin était affiché dans son bureau un plan au 1/5 000 sur lequel étaient successivement portées toutes les informations requises pour lui-même et ses collaborateurs. Exemples : les courbes de niveau du tissu parisien,

---

1. New York, Braziller.
2. Paris, Seuil, 2000.

indispensables pour rectifier les percées prévues par le plan de Napoléon III qui, ayant quitté Paris à l'âge de onze ans, ignorait la véritable topographie de la ville[1] ; le cloisonnement interne de la capitale, formée de villages paroissiaux indépendants, qui entravaient la circulation[2] ; les immeubles d'habitation dégradés et insalubres, économiquement non restaurables, etc.

L'analyse de la situation une fois accomplie, vint pour le Préfet le temps de l'action : et ce fut alors une véritable métamorphose de la ville, dont nous donnions une double synthèse au plan spatial et au plan social.

Pour la première fois de leur histoire, Paris et sa banlieue étaient conçus en termes de réseaux hiérarchisés. Les réseaux viaires ne permettaient pas seulement de traverser Paris sans obstacles du nord au sud et d'est en ouest. Ils étaient raccordés aux gares de chemin de fer (alors nommées "embarcadères") ainsi qu'au train dit "de petite ceinture". Tout aussi remarquable était le réseau des égouts, unique depuis celui de l'Empire romain, mais d'une tout autre échelle et assorti d'un double réseau complémentaire d'adduction d'eau potable et d'eau industrielle.

En effet, jusqu'à l'intervention de Haussmann, les Parisiens buvaient l'eau de la Seine qui, sauf aux rares endroits ayant à portée de l'eau de source (voir encore aujourd'hui rue de la Pompe, dans le 16e arrondissement), leur était livrée à domicile par porteurs. Désormais leur parvenait directement une eau canalisée et non polluée : au fil de leurs discussions, Haussmann obligea même son collaborateur Belgrand à remplacer l'eau de rivière, captée par le canal de l'Ourcq, par l'eau de source, venue de la Dhuis[3].

---

1. Cf. *Mémoires, op. cit.*, p. 472 et 801.
2. Cf. Maurice Halbwachs, *La Population et les tracés de voies à Paris depuis un siècle*, Paris, Presses universitaires de France, 1928.
3. Anthologie, p. 22.

Dernier réseau hiérarchisé, venait enfin celui des espaces verts avec sa multiplicité d'échelles, un soin particulier étant dévolu aux échelles de proximité. Cette œuvre hygiénique, accomplie en concertation avec le physicien Dumas, est d'autant plus impressionnante qu'elle précède l'ère pastorienne. Davantage, ces aménités étaient identiquement fournies à la totalité des habitants, sans distinction de classe, de revenu ou de localisation.

Et il en était de même, couvrant toute la ville, non seulement du réseau de crèches gratuites mais du réseau d'unités de consultations médicales et de soins à domicile, sortes d'hôpitaux de jour à la disposition des Parisiens[1]. À quoi il convient d'ajouter les équipements de proximité, regroupés par Haussmann sous le vocable de "système" et qui comprennent ce que nous appelons aujourd'hui le "mobilier urbain", autrement dit l'équipement assurant la convivialité des trottoirs et des squares – grilles des squares, arceaux de fonte circonscrivant leurs pelouses, corbeilles métalliques destinées à recueillir les papiers usagés et les déchets divers, bancs publics… : tous ces objets étaient soigneusement projetés et dessinés par des ingénieurs et des architectes municipaux avant d'être produits industriellement.

Mais alors que, dès son époque même, l'œuvre du Préfet fut unanimement célébrée à l'étranger, en Europe (Espagne, Italie, Angleterre…) et jusqu'aux États-Unis[2], elle n'a, en France, jamais cessé d'être méconnue et dénigrée. Haussmann lui-même s'en plaint avec amertume.

Pour s'en convaincre, il suffit de citer les attaques féroces des ennemis de l'autorité, exemplairement représentés par Victor Fournel, le littérateur et érudit français (1820-1894). Selon ce dernier, "ce qu'on a appelé les embellissements de

1. Dans les années 1970, le professeur Georges Mathé, chef du service de cancérologie de l'Institut Gustave-Roussy, nous confiait son émerveillement devant cette disposition qui permettait les diagnostics précoces et évitait le problème posé par l'hébergement des familles dans les cas graves. 2. Cf. *infra*, Anthologie, p. 103.

Paris n'est au fond qu'un système général d'armement offensif et défensif contre l'émeute", conçu par celui qu'il désigne comme "l'Attila de la ligne droite[1]". À quoi il convient d'ajouter les jérémiades nostalgiques des conservateurs qu'incarnent les frères Goncourt : "Je suis étranger à ce qui vient, à ce qui est, comme à ces boulevards nouveaux, sans tournants, sans aventures de perspective, implacables de lignes droites […] et qui font penser à quelque Babylone américaine de l'avenir[2]."

Si générale était en France cette attitude dépréciative qu'en 1868, Jules Ferry se sert d'une plaisanterie métaphorique afin de laisser planer le doute sur l'honnêteté du Préfet. En faisant appel aux "services extérieurs" de la Ville de Paris (Caisse des Travaux de Paris, Caisse de la Boulangerie, Bureau de l'octroi, Crédit municipal) pour continuer à financer ses travaux parisiens, Haussmann avait "contourné le contrôle de l'Assemblée nationale dont il connaissait l'opposition aux travaux parisiens". Ferry stigmatise alors les "comptes fantastiques d'Haussmann". La formule demeure encore aujourd'hui attachée au nom du Préfet.

Hormis ses collaborateurs de tous bords (ingénieurs, architectes, savants…), le cercle étroit de ceux qui comprirent alors le travail de Haussmann peut être représenté par trois noms emblématiques.

D'abord César Daly (1811-1894), le fondateur de la *Revue générale de l'architecture*, première publication française illustrée et consacrée à l'aménagement de l'espace urbain et rural : la *RGA* ne cessa d'analyser, d'expliquer et de diffuser les projets de Haussmann à la manière d'un organe administratif.

Ensuite Maxime Du Camp[3] (1822-1894), l'ami de Flaubert, qui militait en invitant ses concitoyens à la patience : "La transformation de Paris était devenue indispensable ; cette mesure devait nécessairement concorder avec l'établissement

---

1. *Paris nouveau et Paris futur*, Paris, Lecoffre, 1865, p. 220.
2. *Journal*, 18 novembre 1860, Paris, t. I, p. 269.
3. *Paris, ses organes, ses fonctions, sa vie dans la deuxième moitié du XIXe siècle*, Paris, Hachette, 1869-1875.

des chemins de fer qui versent chaque jour dans les gares urbaines des milliers de voyageurs [...]. Nous en souffrons, nous les contemporains et les témoins intéressés d'un si profond bouleversement : nous sommes dérangés dans nos habitudes, nous avons dans les yeux la poussière des démolitions ; nous nous promenons mélancoliquement à travers la ville, chassés par l'expropriation, cherchant un gîte où nous ne resterons que le temps voulu pour en être expulsés de nouveau ; cela est irritant, j'en conviens et j'en ai parfois pesté tout autant qu'un autre. Mais lorsqu'on voit la ville magnifique qui s'élève à la place de l'ancienne, comment garder rancune [...]?"

Enfin, Théophile Gautier qui, dans sa préface au *Paris démoli* d'Édouard Fournier (1858), affirme sans ambages : "Le Paris moderne serait impossible dans le Paris d'autrefois [...] la civilisation se taille de larges avenues dans le noir dédale des ruelles, des carrefours, des impasses de la vieille ville [...]. Les murailles pourries s'effondrent pour laisser surgir de leurs décombres des habitats dignes de l'homme, dans lesquels la santé descend avec l'eau et la pensée sereine avec la lumière du soleil."

Mais, répétons-le, ces témoignages constituent des exceptions. Comme le furent, exemplairement, plus tard ceux d'André Morizet, maire socialiste puis communiste[1] de Boulogne-Billancourt (auteur, en 1932, de *Du vieux Paris au Paris moderne*) et de Marcel Cornu (1909-2001), historien et critique d'architecture des *Lettres françaises*, auteur de *La Conquête de Paris*[2].

Disparues les archives de la Ville de Paris dans l'incendie de l'Hôtel de Ville en 1870 ; reléguées dans l'oubli la criminalité et la saleté repoussante qui régnaient dans le vieux Paris, si bien évoquées par Voltaire[3] puis par Balzac

1. Il fut membre fondateur du PCF.
2. Paris, Mercure de France, 1972.
3. *Des embellissements de Paris* (1749) in *Œuvres de Voltaire*, t. XXXIX, *Mélanges*, t. III, Paris, Librairie Lefèvre, 1830 : "Nous rougissons, avec

(voir en particulier *La Cousine Bette*, 1848) : étaient-ce là raisons suffisantes pour que persistât la dépréciation compulsive de Haussmann, "le mal aimé des Français" ? L'échec rencontré par notre édition des *Mémoires*, qui n'est toujours pas épuisée en 2013, en est la démonstration éclatante. À peine paru, et à quelques exceptions près auxquelles je tiens à rendre hommage en post-scriptum[1], l'ouvrage fut littéralement mitraillé : le critique du *Figaro* réanimait le chœur des Goncourt et celui du *Monde* se prenait pour Fournel.

Et ne voilà-t-il pas que l'année 2013 se trouve saluée par un nouveau monument anti-haussmannien, *Le Livre noir des destructions haussmanniennes*, somptueux recueil de dessins commentés, dont le titre dit assez l'indifférence de son auteur à la vérité historique[2] et son souci de flatter une fois de plus un préjugé séculaire.

On observe en outre que les édiles parisiens ne se sont guère préoccupés d'entretenir l'œuvre haussmannienne : il n'est que de constater le sort actuel réservé aux trottoirs et aux jardins publics. Parmi ces derniers, le seul qui demeure aujourd'hui intact, grâce aux sénateurs, hôtes du Palais, est le jardin du Luxembourg. Non seulement il a conservé sa double fonction d'accueil pour les touristes et pour les Parisiens du quartier, mais, davantage, au fil des années il a été enrichi pour accueillir les activités des habitants du quartier.

---

raison, de voir les marchés publics établis dans des rues étroites, étaler la malpropreté, répandre l'infection, et causer des désordres continuels […] le centre de la ville, obscur, resserré, hideux, représente le temps de la plus honteuse barbarie. Nous le disons sans cesse ; mais jusqu'à quand le dirons-nous sans y remédier?"
1. Cf. *infra*, p. 15.
2. Pierre Pinon, *Paris pour mémoire : le livre noir des destructions haussmanniennes*, Paris, Parigramme, 2012. Les relevés dont il est question dans ce volume sont antérieurs à la nomination de Haussmann comme préfet de la Seine et sans rapport avec ses projets.

C'est ainsi, en particulier, qu'y ont été implantés, sans aucunement le dénaturer, des tennis, des tables de ping-pong pour les enfants et les adolescents, des tables auxquelles sont incorporés des damiers pour les joueurs de dames ou d'échecs du quartier, un petit jardin clos réservé aux mères de nourrissons et d'enfants apprenant à marcher.

En revanche, la muséification – marchandisation – du patrimoine, telle que l'encourage l'Unesco, vient s'inscrire contre l'approche anthropologique de Haussmann.

Toute l'œuvre parisienne de Haussmann illustre la dialectique entre conservation, démolition et innovation qui caractérise la vie des cultures et leur inscription symbolique dans l'espace et le temps. Haussmann s'inscrit ainsi non seulement contre la démolition radicale, de type corbusien, mais aussi contre la conservation muséale, mortifère. Dans cette perspective, il déplore que la promotion des ingénieurs, qui a donné son fondement technique à la révolution industrielle, n'ait pas été accompagnée par l'élaboration d'une architecture nouvelle. Autrement dit, en véritable anthropologue[1], il fait sienne la démarche identiquement adoptée par Littré et Viollet-le-Duc lorsqu'ils ont défini, dans les Préfaces de leurs dictionnaires respectifs[2], le processus ternaire qui caractérise toute culture vivante. Il revient à l'un et à l'autre d'être ici brièvement cités.

Littré évoque "le mouvement intestin qui travaille une langue et fait que la fixité n'en est jamais définitive. [...] Ainsi, toute langue vivante [...] présente trois termes : un usage contemporain qui est le propre de chaque période successive, un archaïsme qui a été lui-même autrefois un usage contemporain, et qui contient l'explication et la clef des choses subséquentes ; et, finalement, un néologisme qui, mal conduit, altère, bien conduit, développe la langue, et

---

1. Cf. *infra*, Anthologie, "L'histoire comme discipline", p. 64.
2. Émile Littré (1801-1881), *Dictionnaire (étymologique, historique et grammatical) de la langue française*, Paris, Hachette, 1863-1872 ; Eugène Emmanuel Viollet-le-Duc (1814-1879), *Dictionnaire raisonné de l'architecture française du XIe au XVIe siècle*, Paris, Librairie Imprimeries réunies, 1854-1868.

qui, lui aussi, sera un jour de l'archaïsme et que l'on consultera comme une histoire et phase du langage[1]."

Viollet-le-Duc rend hommage à la Commission des Monuments historiques qui "en conservant nos édifices a modifié le cours des études de l'architecture en France ; en s'occupant du passé, elle a fondé l'avenir", et il assimile le procès de l'architecture à celui de la langue[2].

Ces considérations nous ont conduits à publier une anthologie de textes clairs et exemplaires, révélant la dimension conservatoire du travail accompli par Haussmann à Paris. Les documents choisis relèvent de deux catégories qui constituent en quelque sorte l'ossature de notre démonstration. Il s'agit :

– de textes de Haussmann, empruntés aux *Mémoires* ainsi qu'à des documents administratifs inédits et réunis sous deux formes, dont l'une est largement développée et l'autre, lapidaire, parfois réduite à quelques lignes ;

– de textes concernant la reconnaissance de l'œuvre de Haussmann par des auteurs étrangers et français.

La démonstration confiée à l'anthologie est, en outre, illustrée par une séquence photographique du boulevard Saint-Germain montrant à la fois l'embranchement de rues pré-haussmanniennes et la présence de nombreuses maisons pré-haussmanniennes, soigneusement préservées au fil de cette immense percée.

Post-Scriptum

Il convient de citer en premier l'ouvrage de Georges Valance, *Haussmann le Grand*, synthèse remarquable de l'apport haussmannien, qui parut un mois avant notre édition

1. É. Littré, *op. cit.*, t. I, p. III et IV.
2. *Op. cit.*, p. III.

des *Mémoires*. Ensuite vinrent les articles d'Ariella Masboungi (*Urbanisme*, janvier-février 2001), de Sylvie Taussig (*Cités* n° 9, Paris, PUF, 2002), d'André Zavriew (*Revue des Deux Mondes*, février 2001), et le soutien de Michel Crépu, directeur de la *Revue des Deux Mondes*. À ces témoignages je suis heureuse d'ajouter, d'une part, l'analyse de la dialectique haussmannienne de la conservation/destruction du tissu urbain développée par Gilles Duhem dans sa communication au colloque de l'Europan (Hambourg, 2007), sous le titre *Baukultur und nachhaltige Stadtentwicklung* (Culture architecturale et développement urbain durable), d'autre part, une lettre autographe de Philippe Seguin, député et futur président de la Cour des comptes, me remerciant pour l'envoi des *Mémoires*, dont il souligne "l'adéquation parfaite avec l'actualité politique".

ANTHOLOGIE

MODE D'EMPLOI

Dans le cas des textes de Haussmann, nous avons dû pratiquer des coupures. Celles-ci sont signalées par les signes conventionnels quand elles présentent une certaine longueur ; par un astérisque lorsqu'il s'agit de formules stéréotypées ("Sa Majesté l'Empereur") ou de passages très brefs, n'altérant pas le sens général du texte cité.

Nous avons, dans le texte des *Mémoires*, respecté l'usage que fait Haussmann des lettres capitales : celles-ci correspondent chez lui à la volonté de souligner les points ou les démarches qu'il considère comme particulièrement importants, et ne sont en aucune façon imputables au hasard.

I

PARIS, VILLE NATALE DE LA FAMILLE HAUSSMANN DEPUIS SIX GÉNÉRATIONS

Ce texte, placé en ouverture des Mémoires, *est sauté par la majorité des lecteurs en raison de son caractère autobiographique, d'emblée jugé suspect.*

Et pourtant, cette généalogie d'une famille protestante d'origine allemande, devenue française avant la révocation de l'édit de Nantes et établie à Paris depuis la Révolution, révèle tout à la fois : la connaissance de Paris que possédait Georges-Eugène Haussmann ; la formation scientifique, économique et esthétique exceptionnelle dont il sut se doter et qu'il mit au service d'un amour sans faille voué à sa ville natale.

AVERTISSEMENT[1]

[...]

J'ai commencé d'écrire ces "mémoires" qui, jusqu'à ces derniers temps, n'étaient pas destinés à la publicité, – de mon vivant, du moins, – sur l'insistance d'un ami de très bon conseil : M. Jules Lair, ancien élève de l'École des Chartes ; grand chercheur de la vérité historique inédite *.

---

1. In *Mémoires, op. cit.*, t. I, p. 65 *sq.* Dans cet "Avertissement", le terme est de Haussmann lui-même, ainsi que les titres de chapitres "Ch. 1. Ma famille. – Mon enfance" et "Ch. 2. Mon éducation. – Ma jeunesse". Tous les autres titres et intertitres sont de nous. Notre texte commence à la p. VIII de l'édition *princeps*.

19

Il me fit comprendre que je devais aux miens, à mes amis, un résumé de ma vie publique, dont bien des phases étaient mal connues d'eux, et par-dessus tout, un exposé de mon administration, si laborieuse, si combattue, de la Ville de Paris ; une explication de mes études, de mes travaux, de mes actes, de mes projets demeurés inexécutés, qui les mît en lumière sous leur vrai jour ; enfin, une réfutation décisive des erreurs, souvent consciencieuses[1] ; des attaques, aussi violentes qu'injustes ; des hostilités systématiques et passionnées, dont le temps n'a pas encore eu complètement raison[2]. [...]

1. Nous dirions aujourd'hui "conscientes".
2. *Ibid.*, p. 67.

Chapitre 1

MA FAMILLE. – MON ENFANCE

[…] Dois-je, en commençant, parler de ma famille ? Oui certes, vous le devez, me dit-on : le milieu dans lequel chacun de nous est né ; l'éducation qu'il y reçoit ; les sentiments, les idées, les opinions qu'il y partage, influent, tout au moins, sur ses débuts dans la vie. Je me rends à cette considération, dont je reconnais la justesse.

Donc, je descends d'une famille protestante, originaire de l'ancien électorat de Cologne, du pays de nos ancêtres, les Francs, qu'elle dut quitter, à une époque déjà fort reculée, pour fuir la persécution religieuse et chercher un abri, d'abord, dans la Saxe électorale, […] puis, en Alsace, où les attirèrent, voilà deux siècles environ, les franchises religieuses garanties à cette province lors de sa réunion à la France, dans les premiers temps du règne de Louis XIV.

[…] [Des archives familiales] donnent certains détails fort oubliés, sur cette grande famille des Haussmänner, [qui], avant sa dispersion, [formait] comme une [véritable] tribu […]. Mais ce document ne saurait intéresser que mes parents et moi-même. Or, de notre passé, nous voulons retenir une seule chose : c'est que nous sommes Français depuis six générations avant la mienne, et que toutes ont fourni des serviteurs, plus ou moins obscurs, mais également dévoués, au noble pays finalement élu, comme patrie d'adoption, par nos aïeux.

Malgré son origine germanique, c'est donc un nom bien et dûment baptisé français que le mien. Il me suffisait, et je n'en ai jamais ambitionné d'autre. J'ai pris le titre modeste, dont je le fais précéder, maintenant, à partir de mon élévation au Sénat, qui tenait à ces choses, et ne manqua pas une occasion de m'attribuer la qualification m'appartenant, selon mon dossier. Inutile d'ajouter que je ne voulus pas revendiquer celle de Comte, accordée sans conteste, par l'Empereur, à tous ceux de mes collègues qui l'ont réclamée […].

À l'époque où l'Empereur [Napoléon III] créa successivement plusieurs Ducs, je sus qu'il songeait à m'honorer de cette dignité suprême et d'un nom qui fût la consécration de mes services. N'ayant pas de fils ; trop pauvre, du reste, pour soutenir un très haut rang, je m'avisai de raconter à Sa Majesté la boutade par laquelle j'avais déconcerté deux de ses grands fonctionnaires * qui, * voulant m'associer à leurs récriminations, me disaient : – "* Vous devriez être Duc depuis longtemps." – "Duc !… et de quoi ?" – "Mais, de Paris, * de Boulogne, de Vincennes, de la Dhuis[1]…" – "* Mais, alors, Duc * ne serait pas assez." – "Que voulez-vous donc être ?… Prince ?" – "Non ; mais il faudrait me faire Aqueduc, et ce titre ne figure pas dans la nomenclature nobiliaire."

L'Empereur partit d'un éclat de rire, […].

On comprend qu'issu d'une famille qui dut, pour garder sa foi, supporter de bien rudes épreuves ; élevé, d'ailleurs, dans une communion[2] dissidente, au sein d'une majorité catholique, intolérante en bien des cas, j'aie appris, dès l'enfance, à détester la persécution, d'où qu'elle vienne et quel qu'en soit l'objet, et que je respecte, sans effort, chez les autres, toute croyance sincère, religieuse ou politique.

Le grand-père paternel
Mon grand-père, Nicolas Haussmann, est né à Colmar, en 1760.

---

1. Du nom de la rivière qui alimente un des aqueducs livrant de l'eau de source dans Paris depuis les travaux de Haussmann.
2. À l'époque ce terme peut encore, comme ici, signifier "communauté religieuse".

Ses frères, avec lesquels on l'a confondu souvent, et dont l'un, fort savant chimiste, a son nom justement inscrit * sur le Palais de l'Industrie, fondèrent, voilà bien plus d'un siècle déjà, dans une propriété de mon bisaïeul, au Logelbach, près Colmar, une manufacture de toiles peintes, la première de ces grandes usines qui firent la richesse d'Alsace.

Lui, mon grand-père, habitait Versailles, lorsque la Révolution éclata. (Il s'était marié dans cette ville en 1786.) L'hôtel qu'il occupait, où mon père vint au monde, en 1787, se trouvait situé dans la rue Montbauron, entre les Avenues de Paris et de Saint-Cloud. Il demeurait, l'été, dans la grande maison de campagne qu'il avait à Chaville, sur la route de Paris à Versailles, et en face de laquelle il en possédait une autre, plus petite, nommée Belle-Source, où je passai ma plus tendre enfance.

Il était tout acquis aux idées généreuses propagées par les écrits des philosophes du XVIIIᵉ siècle, et fut entraîné facilement par le courant d'opinion qui renversa la Monarchie. Esprit large et libéral ; ferme, résolu, mais pondéré ; maître de lui-même, il ne voulait, tout d'abord, comme tant d'autres, que la réforme des abus et des gaspillages financiers de l'Ancien Régime. Son programme politique n'allait pas plus loin que la réalisation des "immortels principes" consacrés par la Déclaration des Droits de l'Homme.

Il n'avait pas trente ans, lorsque le choix de ses concitoyens le fit Administrateur du département de Seine-et-Oise.

Élu Représentant du Peuple à l'Assemblée Législative, en 1791, et à la Convention Nationale, en 1792, il ne prit pas longtemps part aux délibérations de celle-ci. Promptement, il s'était fait distinguer (surtout, dans les séances des comités) par son grand sens pratique et ses aptitudes administratives. Commissaire de la Convention [...] le fait capital de sa carrière fut l'annexion à la France et l'organisation administrative de la Belgique, dont il fut le promoteur et l'instrument.

Dans les intervalles de ses missions, il ne fut pas sans courir de grands dangers, au sein de la Convention, comme suspect de modérantisme, parce qu'il osa, plusieurs fois, et presque toujours sans succès, malheureusement, défendre devant cette redoutable assemblée, des généraux ou des fonctionnaires injustement dénoncés *.

Sous la Restauration, il fut calomnieusement accusé de fabrication de faux et de régicide par M. Decazes[1]. Loin de Paris, lors du procès du roi Louis XVI, il ne prit aucune part à sa condamnation, quoi qu'en aient dit certains historiens, biographes et publicistes. * Quoi qu'il en soit, le Ministre de la Police, M. Decazes, n'attendit pas la fin des recherches qu'il avait demandées, pour inviter mon grand-père à quitter la France. La réaction royaliste n'y allait pas de main morte. [...]

Mon grand-père, qui s'était fait conduire à Bâle, en Suisse, fut de retour au bout de quelques mois ; il vendit ses propriétés de Seine-et-Oise, et vint se fixer à Paris, dans une maison de ma grand'mère, en haut du Faubourg Saint-Honoré, dont cette partie s'appelait : Faubourg du Roule. C'est là qu'il vécut, vénéré des siens ; honoré de tous les habitants de son quartier ; ignoré du reste du monde ; partageant ses loisirs entre les ouvrages de ses philosophes préférés, comme les *Essais* de Michel Montaigne, le *Livre de la Sagesse* de Pierre Charron, et les chefs-d'œuvre de l'art ancien, réunis au Musée du Louvre, que "cet homme cruel, ce buveur de sang" ne se lassait jamais de lire ou d'admirer. C'est là que, jusqu'à mon entrée dans l'Administration Départementale, je me rendais régulièrement pour le voir, l'entendre, écouter ses conseils, et qu'il mourut, plein de jours, en juin 1846. [...]

Le père

Mon père, qui faisait partie de l'Administration de l'Armée sous le premier Empire, en qualité de Commissaire des Guerres, fut mis en demi-solde à la Restauration. Il y

---

1. Élie, duc Decazes, 1780-1860, préfet de police, ministre de la Police puis de l'Intérieur sous la Restauration.

demeura jusqu'à la Révolution de Juillet, après laquelle on le rappela au service, dans l'Intendance Militaire. [...]

Un peu avant la Révolution de 1848, il prit sa retraite, et s'occupa de travaux et de publications se rattachant à l'administration et surtout à l'approvisionnement des armées, jusqu'à sa mort, arrivée en 1876.

Né dans le cours de septembre 1787, mon père n'était pas encore âgé de dix-neuf ans lorsqu'il épousa ma mère ; – elle n'en avait dix-sept que depuis peu de mois, – le 6 juin 1806.

En effet, elle vint au monde, en février 1789, à Landau, ville française alors, dans une famille luthérienne, comme la nôtre.

Le grand-père maternel

Son père, le général baron Dentzel, né à Durckheim, dans le Palatinat, en 1755, avait été compagnon d'armes de Rochambeau et de Lafayette, comme Officier du régiment dit : Royal Deux-Ponts, dans la guerre d'indépendance des États-Unis d'Amérique. Il en revint Chevalier de Saint-Louis, et fut naturalisé Français par lettres patentes du Roi Louis XVI, en 1784.

Parvenu au grade d'Adjudant Général, il faisait partie de l'État-Major de l'Empereur, et servait auprès du Prince Eugène[1], lors du mariage de mes parents, célébré à Versailles, dans un petit temple grec décorant le fond du parc de sa propriété de l'Hermitage, ancien domaine de la marquise de Pompadour, près Trianon.

Pendant la première campagne de Prusse, qui suivit de près cet événement de famille, le général Dentzel fut désigné (septembre 1806) pour occuper la ville de Weimar, où l'Empereur allait, bientôt après, établir le quartier général de la Grande Armée. Entré, dans cette "Athènes de l'Allemagne", à la tête de soldats vainqueurs, il réussit à la préserver de tout

---

1. Eugène Rose de Beauharnais (Paris, 3 septembre 1781-Munich, 21 février 1824), fils adoptif de l'empereur Napoléon Ier.

désordre, et à faire entièrement respecter le palais grand-ducal ; le célèbre théâtre où les tragédies de Schiller et de Goethe firent leur première apparition ; la bibliothèque, les musées et les collections, qui renfermaient d'inestimables chefs-d'œuvre. Une lettre de Goethe, alors Conseiller Intime du Grand-Duc de Saxe-Weimar, l'en remercia chaleureusement, et le Grand-Duc lui-même, remis en possession de ses États et devenu membre de la Confédération du Rhin, après le Traité de Tilsitt, témoigna sa reconnaissance pour la protection dont mon grand-père avait couvert sa famille, par un autographe, accompagné d'une belle bague ornée de brillants, destinée à ma grand'mère. – Je possède le tout. –

En 1809, après la prise de Vienne, l'Empereur, dont le quartier général fut établi * au palais de Schoenbrunn, nomma le général Dentzel, Gouverneur de la capitale de l'empire autrichien. Mon grand-père sut tellement se concilier la sympathie de la population, qu'à son départ, il en reçut un témoignage éclatant que je conserve. C'est une boîte en or, artistement ciselée, portant à l'intérieur cette inscription : *Au Consolateur des maux de la guerre* [...].

Épuisé par la campagne de Russie, le Général prit sa retraite en 1816, et mourut, en 1828, à Versailles.

Le Baron Georges-Eugène Haussmann

Quant à moi, j'ai vu le jour à Paris, le 27 mars 1809, dans un petit hôtel entre cour et jardin, qui dépendait de l'ancienne propriété du fermier général Beaujon, et que, Préfet de la Seine, je fis démolir, pour former la petite place où finit le Boulevard Haussmann et commence l'Avenue de Friedland, tout en haut du Faubourg Saint-Honoré. Je fus baptisé, peu de jours après, au temple réformé de l'Oratoire, dégagé complètement du côté de la rue de Rivoli, puis, restauré par M. Baltard *. L'Église de la Confession d'Augsbourg, à laquelle appartient ma famille, n'avait pas encore de lieu de culte à Paris.

Le Prince Eugène daigna, par considération pour mon grand-père maternel, m'accepter comme son filleul, et se fit représenter par lui dans la cérémonie du baptême. Ainsi doté de deux parrains, je reçus, par avance, à l'État Civil, les prénoms de l'un et de l'autre : Georges, Eugène.

De même que ma sœur aînée, Mme Artaud, je fus nourri par ma mère. Celle-ci venait de compléter ses vingt ans lorsque je vins au monde. Elle était de nature très fine et très délicate, et me transmit une constitution nerveuse, exigeant d'autant plus de soins que ma croissance, exceptionnellement rapide, me fatiguait.

C'est pourquoi, dès la fin de ma seconde année, mon grand-père Haussmann et ma grand'mère * m'emmenèrent à Chaville, où je demeurai presque toujours auprès d'eux, hiver comme été, jusqu'à leur départ pour la Suisse, en février 1816.

Mon père, quand il n'était pas à l'armée, y passait, avec ma mère, ma sœur et mon frère, plus jeune que moi d'environ deux ans, une partie de la belle saison. Ils allaient, pendant l'autre, à l'Hermitage, où ma grand'mère Dentzel restait toujours [...].

J'appris à lire de bonne heure, chez une vieille demoiselle, qui tenait classe au petit Chaville, tout près de Belle-Source ; à écrire, chez l'instituteur de Ville-d'Avray, dont l'école était sur la route de Versailles, en face de la chaussée de l'étang inférieur, par laquelle j'arrivais, après avoir franchi le bois des Fausses-Reposes, sous la garde du fils de notre jardinier-chef, avec lequel je faisais de longues excursions dans les bois de Meudon et de Viroflay, d'une part, et dans ceux de Marnes, d'autre part, lorsque mon grand-père ne pouvait m'accompagner, comme il en avait coutume ; car, il s'occupait beaucoup de moi.

C'est lui qui m'a, je puis le dire, élevé. Je subis, grâce à la grande facilité d'impressions de tous les enfants, l'influence des habitudes méthodiques, des principes d'ordre régnant sans cesse dans la maison de ce véritable sage, comme dans son esprit clair, sensé, bien réglé. Je dois à son exemple, * la fermeté calme, la persévérance infatigable, qui m'ont donné raison de tant d'obstacles *.

Un mot, par lequel, encore Étudiant en Droit, sans vocation précise, je l'entendis résumer le récit de certains faits, pesa très certainement, plus tard, sur le choix de ma carrière. – "On ne sait pas assez," disait-il, "combien la France renferme de ressources et combien elle deviendrait riche et puissante, si elle était bien gouvernée, bien administrée, surtout!" [...]

Si, dans ma jeunesse, on ne songea plus qu'à me préparer pour une carrière civile, enfant, sous l'Empire, je me savais déjà voué par avance à celle des armes, et je m'en sentais charmé.

[...]

Lorsque j'allais, de Chaville, passer quelque temps à l'Hermitage, et que je m'y trouvais dans un milieu tout militaire, il me tardait de pouvoir, à mon tour, servir mon pays. Le voisinage de Trianon ; les revues de troupes ; les foules énormes, venant de Paris, les dimanches de grandes eaux à Versailles, pour acclamer l'Empereur et l'Impératrice, qui se montraient dans le parc, en voiture découverte, à six chevaux, entourés de piqueurs, de pages et d'officiers, tout cela m'exaltait au plus haut point. J'attendais avec impatience le jour où je me verrais également à cheval, dans le cortège impérial, parmi ces pages à peine adultes, [...], en attendant l'épaulette de Lieutenant de Cavalerie, assurée à chacun d'eux. En effet, mon parrain, le Prince Eugène, avait promis, depuis l'époque de ma naissance, à mon grand-père maternel, de m'y faire admettre, le moment venu !

Mais, je tenais bien mieux que cette promesse.

Quand j'étais bambin, mon grand-père, le Général, me conduisit pour voir le Prince, à Trianon. Avant son audience, nous nous promenions dans une allée du parc. L'Empereur y déboucha subitement. Il donnait le bras à son aide de camp, la tête inclinée, l'air soucieux. Nous nous rangeâmes vite contre la charmille, et, prenant la position du soldat sans arme, je fis le salut militaire, en criant : "Vive l'Empereur!" Le Souverain, surpris, s'arrêta, demandant avec sévérité : – "Quel est cet enfant, Général?" – "Sire, c'est mon petit-fils, un futur soldat du Roi de Rome. Il attend, avec moi, d'être reçu par le Vice-Roi d'Italie, son parrain." – L'Empereur, se déridant alors, dit : – "Ah! bien." – Puis, il me regarda fixement quelques secondes, pendant que je me tenais droit, les yeux attachés sur lui ; la main droite vissée à mon shako ; la gauche, à la couture de ma culotte ; car, j'étais en costume de hussard du régiment de mon oncle […], et mon grand-père, en uniforme, bien entendu : – "Comment!" reprit-il, "tu veux déjà, mon petit homme, entrer dans l'armée?" – "Je veux, d'abord, entrer dans les pages de l'Empereur!" répondis-je, sans me douter de mon audace : je répétais ce que j'avais entendu bien souvent de mon grand-père lui-même, qui restait là, suffoqué. Sa Majesté sourit, et, me prenant le menton, daigna me dire : – "Tu n'as pas choisi la plus mauvaise porte. Eh bien! soit, mon garçon, dépêche-toi de grandir et de savoir monter à cheval, pour prendre ton service." – "Vive l'Empereur!" répétai-je, comme il reprenait sa promenade. Mon grand-père, tout à fait revenu de sa souleur[1], conta la chose au Prince Eugène, qu'elle amusa : – "C'est parfait," répondit Son Altesse Impériale ; "je vois avec plaisir que mon filleul ne s'embrouillera pas dans les feux de file[2]!"

Depuis ce jour mémorable, je jouais au soldat plus que jamais, *, quand nos désastres militaires, commencés en Russie, *, s'aggravant tout à coup, au lendemain de la bataille de Leipsick, amenèrent l'invasion de la France, en 1814. […].

Pendant ces luttes héroïques, suprêmes, *, j'étais dans la petite maison de Belle-Source, à Chaville, avec mes grands-parents paternels, […]. Mon père et son frère, plus jeune, *, se trouvaient à l'armée. Mon grand-père et mon oncle maternels faisaient campagne. Ma mère restait à Paris avec mon frère, tout petit encore ; et ma sœur, à l'Hermitage, avec notre grand'mère Dentzel *.

---

1. Littré : "Terme familier. Frayeur subite, saisissement." *Dictionnaire*, t. IV, p. 2003.
2. "Feu de deux rangs ou de file : feu d'une troupe qui tire par file et sans interruption", Littré, *op. cit.*, t. II, article "Feu", 18.

Je n'ai pas besoin de dire avec quelle anxiété tout le monde suivait le cours des événements qui se précipitaient, ni quelle impression profonde m'ont laissée les passages continuels de troupes ; les convois de blessés, de plus en plus fréquents, par lesquels s'annonçait l'approche graduelle de l'ennemi vainqueur, et, dans les derniers jours, les bruits de bataille qui nous arrivaient de toutes parts. Ce n'est pas de la peur qu'ils me causaient, mais une rage concentrée, de n'être pas assez grand pour me battre aussi *.

Un engagement de cavalerie avait eu lieu, presque dans Versailles, devant l'Hermitage, aux champs de Glatigny ; dans la ville même, on s'était battu jusqu'à la rue des Réservoirs. Des combats d'avant-garde se livraient dans les bois au-dessus de nos propriétés de Chaville, qui bientôt furent occupées, comme ambulances, par les troupes étrangères marchant sur Paris. Je vois encore mon grand-père Haussmann, Maire de cette commune, astreint, pour en éviter le pillage, à faire droit en silence aux réquisitions des chefs ; ma grand'mère et ses femmes, obligées de panser les blessures d'officiers bavarois !

Une nuée de Cosaques s'abattit sur Viroflay, Chaville et Sèvres, pour s'y cantonner. J'ai donc pu contempler de près ces étranges cavaliers, *, avec leurs lances qui n'en finissaient pas et leur tenue inculte, pour ne pas dire dégoûtante. J'ai su, plus tard, que ma pauvre petite bonne, Jeannette, qui n'avait guère plus de quinze ans, les vit de plus près encore, ainsi que bien d'autres filles et femmes du pays, victimes de l'odieuse brutalité de ces barbares.

Quelque temps après la capitulation de Paris, j'y fus conduit pour voir ma mère * et j'eus l'occasion d'assister, un soir, à la prière d'un bataillon de la Garde Impériale Russe, de service dans la cour de l'Élysée, où résidait le Czar Alexandre Ier. Il ne fallait rien de moins que ce spectacle imposant pour relever son armée dans mon estime. […]

La Restauration ne pouvait, à beaucoup près, éveiller des sentiments de sympathie dans aucune branche de ma famille. Aussi, le retour de l'île d'Elbe y fut-il salué avec joie.

Mais, bientôt, il fallut reprendre les armes et courir à la frontière. Tout le monde partit, même le Maire de Chaville, le vieux Représentant du Peuple, requis par le Ministre de la Guerre, pour donner son concours à je ne sais quelle concentration d'approvisionnement dans le Nord. Les angoisses des femmes recommencèrent.

Après la catastrophe de Waterloo, tous les nôtres revinrent, en plus ou moins bon état. Mon oncle, le colonel Dentzel, avait eu le bras labouré par une balle.

Cette fois, l'invasion étrangère fut moins violente, sinon moins pénible.

Lorsque je me reporte à cette époque terrible, et que j'en évoque les souvenirs, toujours vivants en moi, comme s'ils dataient seulement d'hier, je comprends et j'excuse, parce que j'en fus moi-même remué jusqu'au plus profond de mon être, le sentiment patriotique sous l'impulsion duquel, en 1870, la France entière se leva pour venger son double affront de 1814 et de 1815, et se précipita dans la guerre néfaste provoquée si légèrement par un ministère inconscient des périls de cette aventureuse entreprise, qui devait aggraver, par une perte de territoire nous frappant, cette fois, en deçà de nos anciennes limites, la première humiliation de notre malheureux pays, dont j'avais été le témoin dans mon enfance. Mais, ce que je considère comme impardonnable, c'est que des hommes, portés au Pouvoir, imposés au Souverain par la fallacieuse popularité de leur chef[1], n'aient pas reculé devant la responsabilité d'actes entraînant, d'une manière fatale, ce pays mal préparé pour la soutenir à l'improviste, dans les hasards d'une lutte suprême avec des adversaires complètement prêts à l'engager, comme le savait bien l'Empereur, dont les appréhensions auraient dû servir d'avertissements à des ministres ne relevant plus de lui seul, depuis l'altération de la Constitution de 1852. […]

1. Émile Ollivier (1825-1913).

Chapitre 2

MON ÉDUCATION. – MA JEUNESSE

J'approchais de sept ans, lorsqu'il me fallut, en février 1816, quitter Chaville, [...] l'air de Paris ne m'ayant pas aussi bien réussi que celui de la campagne. On me mit en pension, avec mon frère, à Bagneux, près de Sceaux, chez un ex-oratorien : M. Legal, qui réunissait une cinquantaine d'élèves, dans une très grande et très salubre propriété. – J'y restai deux ans *.

Notre vieux savant avait une méthode à lui, des plus originales : c'était de rendre l'étude agréable, en présentant son objet sous une forme intéressante et, si possible, amusante. C'était, en d'autres termes, de mettre en pratique la théorie du "travail attrayant". Persuadé que la variété des occupations, en distrayant l'esprit, ravive ses facultés d'attention, il donnait * à son enseignement, un caractère encyclopédique, par la diversité des connaissances dont il nous présentait, comme autant de récréations, des aperçus appropriés à l'âge et à l'avancement de chaque groupe d'élèves. Il avait soin, d'ailleurs, suivant le précepte d'Horace, de s'adresser plutôt à nos yeux qu'à nos oreilles.

Le soir, par exemple, au lieu de rester claquemurés dans une étude, ceux qui savaient et récitaient leurs leçons à l'heure dite, assistaient, soit dans le cabinet de physique, soit dans le laboratoire de chimie, soit au milieu des collections d'histoire naturelle du Directeur, à des expériences ou à des exhibitions[1], combinées de manière à éveiller l'intelligence

1. "Exhibition" est ici pris dans le sens d'"exposition".

32

des plus petits, pendant que les plus grands s'instruisaient, en y prenant une part active. Les explications demandées, au sujet de tels ou tels phénomènes, devenaient des cours abrégés, d'un vif attrait.

Quand le temps était clair, il nous montrait, d'une grande terrasse, le spectacle du firmament ; nous apprenait à distinguer les planètes des étoiles fixes ; à trouver, parmi celles-ci, l'étoile polaire ; à reconnaître les signes du zodiaque ; à déterminer les principales constellations, et, sans en avoir l'air, il nous inculquait des idées générales sur la mécanique céleste.

Le jour, il veillait à ce que les récréations fussent employées à des exercices de corps. On ne connaissait pas alors la gymnastique[1]. La course, le saut, les jeux de toute sorte, l'escrime ; en été, la natation ; en hiver, le patinage, se partageaient notre temps, avec la culture d'un jardin botanique, dont chacun avait un lopin à soigner, tantôt, dans une division, tantôt, dans une autre, pour apprendre le classement scientifique et les caractères extérieurs des plantes les plus importantes. Ceux qui finissaient promptement et bien tous leurs devoirs, entraient en récréation avant les moins laborieux, et c'était un stimulant énergique.

Les promenades au dehors nous donnaient des occasions d'herboriser ; de faire la chasse aux papillons ; de collectionner des insectes ; d'apprendre à discerner (ce que beaucoup de Parisiens ne sauraient faire) un champ de blé d'un champ de seigle ; une luzerne, d'un sainfoin, et à reconnaître les diverses essences d'arbres et d'arbrisseaux d'un bois.

L'étude des sciences abstraites était facilitée par une foule de procédés ingénieux.

Quant au grec et au latin, on les abordait en même temps, par l'explication alternative de textes choisis dans les deux langues, nous permettant, par comparaison, d'en saisir les caractères différents, et fournissant au Maître des

---

1. C'est au ministre Victor Duruy que revient l'introduction de son enseignement dans les lycées et collèges, en 1868, avec un demi-siècle de retard par rapport à la Suède ou la Suisse.

occasions de nous faire connaître successivement la plupart des règles de l'une et de l'autre, de telle façon que, le moment venu de les classer méthodiquement dans l'esprit de l'élève, celui-ci ne se trouvait pas égaré, comme en pays inconnu, dans ces compilations indigestes de règles ahurissantes, qu'on nomme : grammaires, et qui rebutent les commençants. On nous habituait, en lisant, à observer la prosodie, seul moyen de la bien savoir, et quand nous avions des vers à traduire, on nous en expliquait incidemment la facture.

Nous apprenions le dessin[1], en nous essayant à reproduire des objets inertes ou des êtres animés, au lieu de copier des yeux, des nez et des bouches, sur des modèles gravés, et la musique, en la pratiquant, sans études théoriques préalables.

J'insiste sur mon séjour dans cet établissement exceptionnel, où, durant deux années, mon intelligence reçut l'impression du système d'éducation qu'on y suivait. Les notions recueillies là, sur une foule de choses, ouvrirent mon esprit, naturellement investigateur, aux études multiples qui l'attirèrent plus tard, et le meublèrent de connaissances variées, d'un grand secours dans ma carrière administrative.

Quand, redevenu solide, vers onze ans, je fus placé par mon père, comme interne, au Collège Henri IV (Lycée Napoléon, sous le premier et le second Empire ; Lycée Condorcet, aujourd'hui), le plus salubre de Paris, grâce à ses grandes cours et à sa belle terrasse plantée de grands arbres ; j'entrai d'emblée en sixième, et je pris place de suite à la tête de ma classe. Je conservai ce rang, sans grand effort, pendant tout le cours de mes études, bien que j'aie dû les interrompre plusieurs fois, au milieu de l'année classique, surtout de treize à quinze ans, pour aller me refaire à la campagne. – Les personnes m'ayant connu dans la force de l'âge, souriront à l'idée que ma santé fût si délicate alors. [...]

Pendant mon séjour au Collège Henri IV, je me trouvai, dès la quatrième, condisciple de M. le Duc de Chartres,

1. À l'instar des attaques ultérieures de Viollet-le-Duc, cette méthode s'inscrit en faux contre l'enseignement donné à l'École des beaux-arts.

– depuis, Duc d'Orléans et Prince Royal, – père de M. le comte de Paris. C'était un très bon élève, qui prenait souvent place dans les dix premiers, "au banc d'honneur", où se formèrent nos sympathiques relations personnelles [...].

Son père, alors, Duc d'Orléans, et depuis, le Roi Louis-Philippe, l'avait mis au Collège Henri IV, comme demi-pensionnaire [avec son frère cadet le Duc de Nemours]. Ces princes étaient accompagnés de leurs précepteurs * qui leur donnaient des répétitions dans une salle réservée *. Ils dînaient avec nous, à midi ; mais avec un couvert à part, de vaisselle plate, pour eux et leurs précepteurs, tout en haut de la table, dont notre maître d'études occupait le bout, ayant, à sa droite et à sa gauche, les deux précepteurs. Les Princes prenaient place à côté de ceux-ci. Je venais après M. le Duc de Chartres. En face, après M. le Duc de Nemours, était celui de mes camarades, Édouard Perrot, qui prenait, avec moi, la tête de notre compagnie, rangée par ordre de tailles, dans les allées et venues intérieures et dans les promenades au dehors.

[...]

Nous eûmes * pour camarade de classe, mais externe, à partir de la quatrième, Alfred de Musset, en qui rien n'annonçait encore le grand poète. C'était un très joli garçon ; blondin, comme nous ; moins vigoureux ; mais, aussi, de taille élancée ; très recherché dans sa tenue ; plein d'afféterie dans ses manières. On l'appelait : "Mademoiselle de Musset" !

À cette époque, classiques et romantiques vivaient à l'état de guerre ouverte. Musset tenait pour ceux-ci, et les emprunts qu'il leur faisait, horripilaient nos professeurs plus que je ne saurais le dire.

Nous avions encore, avec nous, Jules de Lesseps, décédé l'an dernier, frère de Ferdinand de Lesseps, le perceur d'isthmes. Celui-ci faisait alors sa Philosophie.

[...]

À peine Bachelier ès Lettres, j'allai me faire inscrire à l'École de Droit, dont je suivis les cours avec autant de régularité que possible. J'y pus donc prendre mes grades sans perte de temps. Je terminai complètement mes études avant la fin de 1830, et je soutins ma dernière thèse de doctorat, au printemps de 1831.

Habitant beaucoup trop loin de l'École pour rentrer à mon domicile entre le cours du matin et celui de l'après-midi, j'étais l'abonné d'un cabinet de lecture, où j'avais, rue des Grès, une place attribuée, avec un tiroir pour serrer mes livres et papiers. Je faisais un premier déjeuner, avant de quitter la maison, à sept heures, et vers dix, j'en demandais un autre au quartier Latin ; non pas, rue Saint-Jacques, chez Rousseau "l'aquatique", où jamais bouteille de vin ne fut débouchée * mais, chez Flicoteaux, Place de la Sorbonne, qui servait de minces côtelettes et de prétendus biftecks, à six et huit sous, et versait un vin problématique aux clients qui ne craignaient pas de faire événement par cette consommation anormale *.

On voyait, dans le voisinage, un coiffeur ayant, pour enseigne, des vers latins vantant sa dextérité *. À quelques pas plus loin, un concurrent y répondait, avec dédain, par celle-ci, composée * de quatre mots grecs : Κειρω τακιστα και σιωπω, "J'opère * promptement et je me tais".

J'employais le temps que j'avais de reste, à suivre alternativement ceux des cours de la Sorbonne et du Collège de France qui m'intéressaient le plus. J'en pus fréquenter ainsi beaucoup, à tour de rôle, en plusieurs années. Je fus donc l'auditeur intermittent de MM. Villemain[1] (Littérature) ; Cousin[2] (Philosophie) ; Gay-Lussac[3] et Pouyet (Physique) ;

1. François Villemain (1790-1870), professeur de littérature à la Sorbonne de 1816 à 1830.
2. Victor Cousin (1792-1867), chef de l'école éclectique. Fondateur de l'histoire de la philosophie en France où il introduisit la philosophie allemande et, en particulier, la dialectique de Hegel.
3. Louis-Joseph Gay-Lussac (1778-1850), professeur de chimie et de physique à l'École polytechnique, au Muséum et à la faculté des sciences. Il s'est illustré dans les progrès de la chimie organique, dans les lois de dilatation des gaz et dans la mesure du champ magnétique terrestre.

Thénard[1] et Dulong (Chimie) ; Beudant[2] (Minéralogie) ; Cauchy[3] (Calcul différentiel et intégral) ; comme aussi, de M. Élie de Beaumont[4], qui professait la Géologie à l'École des Mines : sans parler de l'amphithéâtre de l'École de Médecine, où j'allais quelquefois.

Malgré tout, j'étais loin de négliger la Musique, à laquelle je m'adonnai de si bonne heure que je ne sais plus quand j'appris à la déchiffrer. Mais, je dois rectifier les biographes qui me représentent comme un artiste, infidèle à sa vocation première, pour entrer dans l'Administration, en expliquant le point de départ de cette étrange méprise.

Je faisais partie, au Collège Henri IV, d'un orchestre d'élèves, où je jouais habituellement du violoncelle et tenais, au besoin, d'autres instruments moins pratiqués, lorsqu'ils manquaient d'exécutants ; car, par curiosité, j'avais essayé de plusieurs. Les jours de fête, on nous demandait de nous faire entendre dans la grande tribune de la chapelle.

J'y rencontrai M. Choron, qui dirigeait l'École de Musique Religieuse, et qui produisait là ses élèves, parmi lesquels se trouvaient Dupré et Roger.

Il existait, au fond de cette tribune, un pauvre vieux petit orgue à quatre registres, que M. Choron touchait. Je regardai comment il s'y prenait, et, sachant un peu de piano *, à force d'en voir jouer dans ma famille, un beau jour, * je

1. Louis-Jacques Thénard (1777-1857), professeur de chimie à l'École polytechnique, il collabore avec Gay-Lussac et travaille à la préparation du potassium, du sodium ; isole le silicium et découvre l'eau oxygénée et le bore. Il réalise également une classification des métaux.
2. François-Sulpice Beudant (1787-1850), titulaire de la chaire de minéralogie de la faculté de Paris, il a décrit de nombreuses espèces en minéralogie et réforma la nomenclature minéralogique.
3. Augustin-Louis Cauchy (1789-1857), professeur de mathématique à l'École polytechnique, il y enseigne en particulier le calcul différentiel et intégral.
4. Élie de Beaumont (1795-1874) ingénieur des mines, géologue. Professeur de géologie au Collège de France, il fut chargé en 1823 d'établir la carte géologique de la France à l'échelle du 1/5 000. Cette œuvre monumentale fut la base de tous les travaux ultérieurs.

m'avisai de faire parler, à mon tour, cet orgue poussif. J'y parvins à peu près. * M. Choron s'offrit à me donner des leçons d'Harmonie, pour faciliter mon entreprise. Je fus assez bon élève pour arriver, en peu de temps, au bout du savoir de mon maître.

À ma sortie du collège, je m'enquis des moyens de m'en procurer un autre, * on m'envoya chez M. Reicha, Professeur de Contrepoint et de Fugue au Conservatoire * qui me fit obtenir une carte d'auditeur, c'est-à-dire d'élève libre de sa classe.

Je suivis, deux ans, cette classe renommée, où Berlioz était élève artiste.

Rebelle aux règles du Contrepoint, ce grand musicien cherchait sa voie par ailleurs. Ai-je besoin d'ajouter qu'il avait peu la faveur du Maître, et encore moins la sympathie du vieux Cherubini, qui dirigeait le Conservatoire ? Pensez donc ! Il composait des ouvertures pour orchestre * qu'il faisait exécuter par ses nombreux amis, avant de savoir à fond exposer, contre-exposer, et traiter "le sujet et les contre-sujets" d'une fugue !

Berlioz appartenait à l'école romantique, et sa musique pompeuse, assez incorrecte, bruyante plutôt que sonore, semblait s'inspirer de certaine poésie, fort admirée, en ce même temps. – On comprend bien que je parle ainsi de sa musique d'élève, tardivement couronnée par le prix de Rome, et non de ses œuvres magistrales, en pleine vogue de nos jours, où je retrouve, cependant, à côté de grandes beautés, ses imperfections classiques.

[...]

Les jours de classe, je quittais l'École de Droit après l'appel du matin, et j'y revenais, au besoin, pour le cours du soir. * Je suivis de même les leçons de Cherubini, pour la Composition Musicale [...]. À la longue, je devins passablement fort ; [...], grâce à mes dispositions naturelles, et à l'avantage que me donnaient mes études littéraires, pour le développement d'une idée, même d'une idée musicale, et partant, pour la construction symétrique d'une symphonie ou d'un de ces fragments d'opéra qu'on nomme "cantates". Jamais, je ne songeai que la Musique dût être, pour moi, plus qu'une distraction élevée de l'esprit, et, de tous les passe-temps, le plus agréable.

Quoique je n'eusse pas encore de carrière bien décidée, j'étais si loin, malgré mes goûts artistiques, de vouloir me vouer aux Beaux-Arts, que je passais quelques heures, tous les jours, avant ou après dîner, dans l'étude du notaire de ma famille, pour y voir comment se traduisaient, dans la pratique, les dispositions du Code Civil concernant la propriété, les successions, les donations, les testaments, les contrats de mariage, de vente, de location ou d'obligation, les hypothèques, etc., etc., dont on m'enseignait les principes théoriques à l'École de Droit.

Assurément, je n'avais pas plus la pensée d'entrer dans la très honorable corporation des notaires, que de prendre la profession d'Artiste-Compositeur ; mais, je pressentais que la connaissance des affaires me servirait grandement, un jour, et de fait, je m'en suis bien trouvé dans mes fonctions publiques. D'ailleurs, le style notarial, s'il manque d'élégance, donne l'habitude, très salutaire, de la précision des termes, dont témoigne utilement la rédaction de mes arrêtés préfectoraux.

Dans le langage du Droit, il n'existe pas de synonymes. Chaque mot a sa valeur propre, qu'il faut savoir.

On me demandera, sans doute, comment je pus trouver du temps pour tous ces travaux, si divers, et de plus, pour remplir mes devoirs de famille et du monde ; pour aller, l'hiver, au bal, et durant toute l'année, au spectacle. Ajoutez : pour fréquenter le manège de la rue Cadet ; la salle d'escrime de Mathieu Coulon ; le tir au pistolet de Lepage ; puis, selon la saison, l'école de natation Deligny, ou les réunions de patinage de la Glacière et du Canal de l'Ourcq, et pour faire bien d'autres choses encore.

Je réponds d'avance : il tient plus de temps qu'on ne le croit généralement, en vingt-quatre heures ; on peut caser bien des choses de six heures du matin à minuit [...] surtout,

quand on n'éprouve qu'un besoin modéré de sommeil. […]
Enfin, vous supposez bien que je ne me livrais pas, tous les jours, à toutes mes occupations. Au lieu de me fatiguer, leur grande variété m'amusait, et, par intervalles, je trouvais même des instants de reste pour faire des vers […].

II

BILAN DE L'ŒUVRE ACCOMPLIE PAR HAUSSMANN À PARIS ENTRE 1853 ET 1859[1]

L'allocution de Dumas livre une synthèse magistrale du système des travaux haussmanniens et une défense sans faille de l'ensemble des principes appliqués par le Préfet, y compris en matière de financement. Elle marque la parfaite entente du chimiste, membre de l'Académie des sciences, et du Préfet, qui seront associés dans de nombreux combats, qu'il s'agisse de l'alimentation en eau de source de la ville de Paris ou de l'enseignement du dessin.

CONSEIL MUNICIPAL DE LA VILLE DE PARIS

ALLOCUTION

Prononcée dans la séance du 28 octobre 1859
par M. Dumas[2]
sénateur, président du conseil [municipal]

---

1. Ce discours est issu de la Bibliothèque administrative de la Ville de Paris, préfecture de la Seine, Documents administratifs, Paris, 1859-1860 cote 21522.
2. J.-B. André Dumas (1800-1884), éminent chimiste et biologiste (cf. ses travaux sur la *Physiologie du système nerveux*). Membre de l'Académie des sciences dès 1832, il en devint le secrétaire perpétuel en 1860. On lui doit aussi la création de l'École centrale et du Laboratoire de recherche de l'École polytechnique. Haussmann, alors préfet de l'Yonne, avait connu Dumas avant le coup d'État de 1850, au cours des trois mois où ce dernier fut ministre de l'Agriculture et du Commerce.

MESSIEURS,

La promulgation prochaine de la loi qui réunit à l'ancienne ville de Paris les communes comprises dans l'intérieur des limites de l'enceinte fortifiée, entraîne comme conséquence immédiate et nécessaire la dissolution du Conseil Municipal actuel, héritier de la Commission Municipale de 1852.

Au moment de nous séparer, après quatre années d'une collaboration commune et assidue, où il vous a plu de m'entourer d'une bienveillance dont je suis vivement touché, nous avons voulu déposer sur le registre de nos délibérations, dans une dernière manifestation, l'expression de notre profonde reconnaissance pour la part qu'il nous a été donné de prendre aux puissantes mesures qui ont transformé Paris. *

L'œuvre de cinquante mois, à laquelle vous avez concouru avec une ferme conviction, courageusement poursuivie à travers les difficultés menaçantes que deux grandes guerres[1], une crise commerciale universelle[2] et une disette[3] sans exemple lui ont tour à tour suscitées, a transformé la vieille cité et a marqué le nouveau Paris d'une empreinte que les siècles n'effaceront pas.

La rive droite et la rive gauche étaient encore séparées, au grand détriment de cette dernière : neuf ponts, dont vous avez approuvé la reconstruction dans de meilleures conditions de niveau, de largeur et de stabilité, ou la construction nouvelle sur des points où les besoins de la circulation réclamaient des passages, les ponts d'Austerlitz, d'Arcole, Notre-Dame, Petit-Pont, au Change, Saint-Michel, de Solférino, des Invalides et de l'Alma, ouvrent de l'une à l'autre ces libres artères qui échangeront entre elles le mouvement, l'activité et la vie.

Des territoires immenses, couverts d'habitations, peuplés comme autant de grandes villes, demeuraient soustraits à la

1. La guerre de Crimée (1859) et l'expédition militaire au Mexique (1861-1867).
2. Due à l'impact de la révolution industrielle sur les entreprises artisanales.
3. Résultant de mauvaises récoltes. Cf. *Mémoires, op. cit.*, p. 640.

42

circulation générale, défendus de toute approche par leurs abords tortueux et étroits : la rue de Rivoli achevée, la rue de Rennes ouverte, les boulevards de Strasbourg et de Sébastopol (rive droite) entièrement percés, ceux de Sébastopol dans l'Île et sur la rive gauche, de Saint-Germain, du Prince Eugène, du Nord, de Monceau, de Beaujon, de l'Alma[1], et d'autres encore résolument commencés : des rues anciennes élargies, des rues nouvelles tracées, pour la création desquelles la spéculation privée rivalise avec l'administration de la cité, répandent dans toutes les maisons l'air et la lumière et en assurent la salubrité. Les grandes communications que vous avez votées avec empressement * font pénétrer, jusqu'aux dernières ramifications du réseau, cette impulsion des idées qui éclaire et qui fortifie les âmes, ce bien-être qui embellit le foyer domestique et qui relève même le niveau de la production, en allégeant le fardeau du travail parmi tant d'humbles créatures dont le soleil n'avait jamais visité les demeures.

Des jardins réclamés par les besoins de la santé publique, opposent aux masses architecturales un contraste heureux, et peuvent être contemplés de chacun sans regret et sans envie, car ils appartiennent à tous, ces jardins, la population les a adoptés et pris sous sa garde ; elle les a pieusement respectés, témoignant que le goût de l'ordre lui est naturel, comme le sentiment du beau lui est familier.

En même temps, la place Napoléon[2] était nivelée, la place de l'Étoile rectifiée et embellie, la place du Châtelet restaurée et l'esplanade des Invalides régularisée : les avenues de l'Impératrice, Victoria et du Champ de Mars étaient ouvertes, les abords du Louvre et des Invalides appropriés.

---

1. Boulevard du Prince-Eugène aujourd'hui boulevard Voltaire, boulevard du Nord aujourd'hui absorbé par le boulevard Magenta, boulevard de Monceau aujourd'hui boulevard de Courcelles, boulevard Beaujon aujourd'hui avenue de Friedland et enfin avenue de l'Alma aujourd'hui avenue Duquesne.
2. Aujourd'hui place Vendôme.

Le quartier de Chaillot percé de voies publiques reçoit une nouvelle vie, tandis que le canal Saint-Martin, abaissé et couvert, va livrer à la spéculation un quartier séparé de Paris, qui semblait pour toujours inabordable.

Cependant les halles centrales développent leur vaste ensemble et leur admirable aménagement, le Palais de Justice se complète et se dégage, et bientôt la Sorbonne, débarrassée d'un entourage parasite, va s'étendre sur des terrains reconquis au culte des lettres et des sciences.

La caserne du Château-d'Eau, la caserne Napoléon, la caserne municipale de l'Hôtel de Ville, par leur belle ordonnance et la rapidité de leur exécution, témoignent des progrès considérables qu'a récemment effectués l'art de diriger les grandes constructions.

Les vastes réservoirs construits à Passy ont permis d'améliorer le service des eaux, et une étude approfondie du bassin hydraulique parisien a donné l'espérance de voir bientôt le puits artésien de Passy et l'aqueduc de la Somme-Soude doubler, par leur intervention, les ressources actuelles de la Ville.

En même temps qu'un immense système d'égouts se complète et se perfectionne de toutes parts, l'énergique égout collecteur d'Asnières, de tous les monuments[1] de Paris celui qui dans la longue suite des siècles portera le plus loin peut-être le souvenir et le témoignage de sa puissance, ouvert et terminé en quelques mois, est venu assurer l'assainissement d'une portion considérable de la Ville. Les études les plus attentives ont préparé le drainage des maisons, l'écoulement des vidanges et la conservation prévoyante au profit de l'agriculture des abondants engrais que Paris produit chaque jour.

Concentré dans les mains d'une compagnie unique, l'éclairage du gaz, après avoir perfectionné sa canalisation et reconstruit toutes ses usines sur un plan uniforme, est l'objet d'études systématiquement conduites, tendant à assurer

1. "Monument" renvoie ici au sens mémoriel défini par Viollet-le-Duc et Littré dans les préfaces de leurs dictionnaires respectifs, *op. cit.*, *supra*.

au consommateur, sans dépense nouvelle, toute la lumière que le gaz qu'il brûle est capable de réaliser.

À ce tableau rapide et bien incomplet des grandes opérations auxquelles vous avez été appelés à concourir, ajoutons la vérification de cette multitude de travaux de détail qu'elles entraînent, l'appréciation si laborieuse des nombreuses indemnités réclamées de la Ville par les habitants atteints par les projets de la voirie, les acquisitions, ventes et échanges de propriétés qui en sont la conséquence nécessaire, et nous aurons à peine résumé l'ensemble des devoirs extraordinaires qui se sont ajoutés pour vous aux devoirs ordinaires qui suffisaient autrefois à remplir les séances de l'ancien Conseil.

Mais quels miracles ne viennent pas à bout d'accomplir l'ordre dans les finances, la règle dans l'expédition des affaires, une volonté ferme qui les assujettit à un plan général, qui en maintient l'unité et qui épargne tout inutile effort.

C'est ainsi que, sans troubler aucun des rouages de l'administration de la cité, se sont poursuivies à la fois ces créations du bois de Boulogne et des Champs-Élysées, promenades offertes aux loisirs d'une population riche, mais dont les classes laborieuses dans leurs fêtes les plus rares jouissent avec un même empressement ; ces percements qui, ouvrant de toutes parts, dans Paris, des aspects nouveaux, imprévus, grandioses, semblent des satisfactions données aux caprices de l'art et qui sont en réalité des opérations d'assainissement et de voirie ; ces opérations si variées, qui, embrassant à la fois les ponts, les quais, les boulevards, les rues, les monuments, semblent déterminées par un besoin imprudent et immodéré de symétrie et de perfection, quand elles sont le fruit des calculs les plus prudents et les plus calmes effectués en vue de ramener Paris dans son assiette naturelle, de rendre au centre de la ville son importance, à ses deux moitiés leur équilibre, de les purifier de tous les quartiers malsains, d'en isoler tous les monuments, d'y répandre la lumière, l'air et l'eau d'une main plus libérale et d'ouvrir à la force publique ces grandes voies stratégiques dont l'aspect seul arrête, déconcerte et décourage l'esprit de désordre.

Aujourd'hui, éclairé par le succès des plans dont l'exécution se poursuit, chacun leur rend justice et vous loue de l'approbation que vous leur avez donnée ; le temps n'est pas loin cependant où vous aviez besoin de toute votre énergie morale pour garder intactes vos propres convictions, en présence des objections que soulevaient les projets de l'administration parisienne et des déclamations des partis, qui, pendant si longtemps, les ont pris pour texte.

Mais combien il vous est permis de vous féliciter de la persévérance que vous avez mise à défendre, par exemple, le système de la compensation et la Caisse de la Boulangerie contre les difficultés nées des temps calamiteux et des attaques de l'intérêt ou de la passion. En effet, la compensation fonctionne et prépare, silencieuse en ce temps d'abondance, par un prélèvement insensible sur le prix du pain, les ressources destinées à soulager pendant la disette les misères de la classe laborieuse, en lui assurant cette denrée de première nécessité à des prix constamment modérés. La Caisse de la Boulangerie fonctionne aussi, et elle a permis aux boulangers à qui elle est ouverte, d'élever leur réserve en ce moment même où les blés abondants et à bas prix rendent pour l'agriculteur leur placement plus nécessaire et plus difficile.

Quand il a fallu pourvoir à la prompte exécution des grandes voies dont l'ouverture s'effectue maintenant ou dont le percement se poursuit aux applaudissements de tous, et qu'on vous a demandé d'intervenir pour une somme de cent trente millions dans la dépense totale estimée à cent quatre-vingts millions, la ruine des finances de la Ville ne vous a-t-elle pas été prédite? Ne vous a-t-on pas affirmé qu'elle était consommée?

Cependant, le traité passé avec l'État reçoit son exécution, les opérations sur le terrain marchent avec régularité, les ressources de la Ville, loin de diminuer, s'accroissent, et la Caisse de service des Travaux de Paris, instituée à cette occasion, est en possession d'une clientèle qui lui permettrait de faire face à toutes les éventualités.

Loin de s'affaiblir, la puissance financière de la Ville s'améliore ; le chiffre de son revenu annuel augmente ; les excédants de ses recettes s'accroissent.

Tandis que la dette consolidée de la Ville était égale en 1852 au double de son revenu annuel, elle atteint à peine en ce moment un chiffre égal à une fois et demie le revenu de l'année courante. Malgré l'immense déploiement de forces que la Ville de Paris a effectué dans les sept années que nous venons de traverser, elle avait donc sagement ménagé les ressources de l'avenir. Elle avait prévu depuis longtemps, en effet, quelles charges pesantes ferait tomber sur elle l'annexion des communes suburbaines ; elle se tenait prête à obéir à la nécessité politique qui rendait cette annexion inévitable, urgente, et elle pourra, vos récentes délibérations le prouvent, faire participer, peu à peu, la nouvelle zone aux bienfaits de l'administration parisienne, sans arrêter l'élan qui rajeunit et restaure, qui grandit et vivifie tous les éléments anciens de la cité.

Une décision récente de S. M. l'Empereur a donné satisfaction aux vœux que vous aviez si souvent émis ; un meilleur partage des attributions rend au Préfet de police toute la liberté que réclament les hautes fonctions qu'il remplit et l'importante responsabilité dont il est revêtu ; la Préfecture de la Seine réunit et concentre tous les services administratifs de la ville. Vos successeurs trouveront dans cette heureuse combinaison la source de nouvelles économies, la garantie d'une direction meilleure de ces services, parce qu'elle sera unique, et la réalisation désirée d'une meilleure ordonnance du budget et d'un équilibre plus juste encore entre les recettes et les dépenses. [...]

III

L'ANNEXION DE LA BANLIEUE
ET SES CONSÉQUENCES[1]

Cette modification administrative des limites de la ville ouvre d'importantes surfaces vierges qui ont permis à Haussmann de mettre en liaison la ville-centre et les villages périurbains : ceux-ci conservent leur identité physique tout en étant désormais dotés d'équipements conformes au standard parisien.

CONSEIL MUNICIPAL DE LA VILLE DE PARIS

*Extrait du Procès-Verbal de la Séance d'installation
du 14 novembre 1859*

Le 14 novembre 1859, à midi, les membres du Conseil municipal de la Ville de Paris, nommés par le décret de l'Empereur, en date du 1er du même mois, se sont réunis, sur la convocation de M. le Sénateur, Préfet de la Seine, à l'Hôtel de Ville, dans la salle ordinaire des assemblées.

M. le Préfet, ayant été introduit, prend séance et prononce le discours suivant :

Messieurs, [...] jamais je n'ai mieux senti toute la valeur de l'appui du Conseil municipal, qu'en face de la grave mesure dont le premier effet a été de m'en priver momentanément,

---

1. Ce discours de Haussmann est issu de la Bibliothèque administrative de la Ville de Paris, préfecture de la Seine, Documents administratifs, Paris, 1859-1860 cote 21522.

et dont l'exécution va m'imposer une si lourde responsabilité dans le présent, mais aussi dans l'avenir. De toutes les grandes choses faites à Paris durant le règne de l'Empereur *, l'extension des limites de la ville jusqu'à l'enceinte fortifiée est, en effet, celle dont le souvenir vivra le plus longtemps. […]

Malgré le travail des générations éteintes et des édilités modernes, la carte de Paris montre encore aux yeux les contours des vieilles enceintes de la ville, comme la section d'un arbre fait voir, par des veines concentriques, les phases successives de sa végétation. Le périmètre de l'enceinte actuelle y restera marqué par l'admirable ligne de boulevards qui le circonscrit extérieurement. Enfin, les noms des communes réunies à Paris par ce dernier déplacement de ses barrières (car la masse énorme des fortifications semble devoir lui servir à jamais de borne aussi bien que de rempart), ces noms populaires, maintenus dans l'usage, rappelleront sans cesse les anciennes divisions municipales supprimées, et si, comme on peut le prévoir, les avantages de l'annexion de la banlieue suburbaine à Paris, après s'être fait vivement sentir, cessent peu à peu d'être compris, la tradition, venant en aide à l'histoire, donnera à l'extension des limites de la capitale, le caractère d'un de ces actes extraordinaires qui tracent un profond sillon dans la mémoire des peuples.

L'enceinte nouvelle existe déjà depuis dix-huit ans sur les points que l'art de la défense a déterminés comme les limites naturelles de Paris ; depuis dix-huit ans, elle attend que la ville, ainsi qu'un flot débordé, vienne la presser de toutes parts. […]

Aujourd'hui dans le domaine du droit, l'agrandissement de Paris est consommé par la promulgation de la loi du 16 juin 1859. Dans celui du fait, il est forcément suspendu jusqu'à la fin de cette année.

En effet, en ajournant au 1er janvier 1860, par une disposition fort sage, l'extension du régime de l'octroi de Paris jusqu'aux limites nouvelles de la ville, l'article 4 de la loi a rendu impossible la disparition de la muraille et des barrières actuelles avant cette époque, et elle a ainsi prononcé indirectement le maintien provisoire, jusqu'au 31 décembre, de toutes les gestions financières intéressant la ville et les communes suburbaines, et partant, des administrations locales qui en sont chargées. Il faut nous en féliciter : car c'était l'époque la plus convenable qu'on pût choisir pour la clôture de toutes les opérations engagées par les municipalités anciennes, et pour le point de départ des actes des municipalités nouvelles. [...]

Il vous est donc donné tout à la fois de clore un passé qui n'a manqué ni de fécondité, ni de grandeur, et d'ouvrir une nouvelle ère d'activité, dont les horizons plus vastes autorisent encore de plus larges conceptions. Vous aurez à constater les résultats définitifs des huit ans qui viennent d'être employés, dans l'enceinte de ce mur d'octroi qui va disparaître, à transformer l'état matériel de la ville et à développer le bien-être de ses habitants ; vous mesurerez l'importance de la tâche accomplie, en même temps que les sacrifices qu'elle a coûtés, et vous ferez la somme des ressources disponibles, en regard des engagements que le passé lègue à l'avenir. Mais votre mission principale est de satisfaire aux exigences nouvelles d'un territoire doublé, d'une population accrue de moitié et montant sans cesse comme une marée vivante, d'arrêter le programme des améliorations successives à poursuivre avec persévérance, aussi bien que des travaux d'urgence à entreprendre résolument, sans délai, pour que l'annexion de la banlieue suburbaine, à Paris, ne reste pas un vain mot, et d'élever au niveau de tels efforts la puissance financière de la Ville.

Dès le 1er janvier, les barrières actuelles s'abaisseront pour laisser désormais un libre passage au public : les édifices, de construction si lourde, qui les flanquent, masses de pierre élevées à grands frais, en 1784, sous le nom fastueux de propylées, par les fermiers généraux, tomberont : le mur d'octroi sera livré par lots nombreux aux démolisseurs ; alors, le boulevard extérieur et le chemin de ronde intérieur ne feront plus qu'une seule et même voie publique[1], et mettront en communication facile les rues qui viennent aboutir aujourd'hui, des deux parts, en face d'un obstacle infranchissable.

Convenablement nivelée, assainie, macadamisée, garnie de larges trottoirs et de plantations, cette immense artère de circulation, cette magnifique promenade de 25 kilomètres de parcours, de 40 mètres de large dans presque toute sa longueur, de plus de 60 mètres, entre la barrière de Montrouge et la barrière d'Italie, où elle se divisera en deux chaussées et trois contre-allées, sera bientôt recherchée de la population, qu'un mur sans fin n'attristera plus ; d'élégantes maisons ne tarderont pas à s'y élever, et, dans peu d'années peut-être, le luxe et les affaires y porteront une partie de leur mouvement. C'est un projet sur lequel vous aurez tout d'abord à délibérer.

L'appropriation de la ligne fortifiée au nouveau service de l'octroi en est le complément nécessaire. Comme ce service doit être en activité dès le 1er janvier, l'ancien Conseil municipal a autorisé d'urgence la construction de bureaux de perception et de surveillance, d'un style parfaitement simple, en harmonie avec la fortification dans laquelle ils sont encadrés ; l'établissement de grilles aux ouvertures du rempart ; la mise en état de la viabilité et l'éclairage de la rue Militaire[2], qui doit être à chaque instant parcourue par des brigades d'employés.

Ces travaux seront terminés à la fin de décembre ; mais ils ne sont que l'ébauche d'une installation complète du service de l'octroi sur la ligne de la nouvelle enceinte. [...]

La largeur de la rue Militaire, qui est très-variable, n'a que 12 mètres en moyenne. Il est bien regrettable qu'au moment

---

1. Ils forment aujourd'hui les boulevards des Maréchaux.
2. Elle est aujourd'hui intégrée dans l'emprise des boulevards des Maréchaux.

où elle fut établie, on n'ait pas profité du peu de valeur des terrains, pour lui donner les proportions des anciens boulevards de Paris. Il ne l'est pas moins que l'autorité militaire, qui pouvait interdire toutes constructions ayant jours et sorties sur cette propriété de l'État, ait cru devoir y autoriser l'élévation de maisons en bordure, dont l'existence aujourd'hui rendrait tout élargissement assez onéreux.

Il y aura lieu néanmoins d'examiner si, avant que ces constructions ne se multiplient et que les terrains nus qui avoisinent la rue Militaire ne reçoivent une plus-value notable des travaux que la Ville vient de faire exécuter *, pour rendre cette voie constamment praticable, pour l'assainir et l'éclairer, il ne serait pas sage de la classer comme boulevard et d'en porter la largeur à 40 mètres. C'est la dernière ceinture du nouveau Paris, la route circulaire à laquelle aboutiront toutes les voies rayonnant vers les extrémités de la ville agrandie, et qui servira de lien entre ses quartiers excentriques et de communication entre ses barrières. Est-il digne d'elle, dans le présent, et conforme aux besoins de sa population à venir, que la voie qui l'environne, et qui n'a pas moins de 33 kilomètres de développement, reste un étroit sentier, comparativement aux rues et aux boulevards qui la coupent dans tous les sens ?

Une question analogue, mais plus difficile à résoudre, s'élève relativement au périmètre extérieur de l'enceinte nouvelle. Est-il possible que la ville ne soit pas enveloppée, au dehors, d'une route de transit, semblable aux boulevards extérieurs actuels, pour l'usage, soit du commerce que feront entre elles les autres communes du département, soit des chargements lointains de marchandises, qui arriveront sur un point de la banlieue de Paris, à destination d'un autre point situé dans une direction différente ? Traverser la ville en franchise de l'octroi ne se peut qu'en payant au moins les frais d'escorte : la contourner n'est praticable que si l'on trouve au pied de ses remparts une voie commode et directe. Or, au-delà des fortifications, cette voie n'existe presque nulle part. On rencontre seulement, à quelque distance et à de rares intervalles, quelques portions de chemins parallèles à l'enceinte ; mais, partout les détours à faire pour éviter la traversée de Paris seraient énormes, difficiles à connaître, et entraîneraient une grande dépense de temps et d'argent. *

Le projet primitif de la loi relative à l'agrandissement de Paris annexait au territoire de la ville la zone de 250 mètres assujettie aux servitudes défensives. Dans ce système, il eût été possible d'ouvrir des boulevards extérieurs sur le territoire même de la ville, à l'extrême lisière de la zone, et de transformer celle-ci en promenade plantée, à mesure qu'elle eût été débarrassée par l'effet du temps et, dans certains cas, par l'action combinée de l'État et de la Ville, des constructions qui en obstruent certaines parties. Plusieurs villes de France et de pays étrangers ont ainsi une enveloppe de verdure, une sorte de promenoir sans fin, qui en décore l'aspect, en embellit et en assainit le séjour. Si Paris pouvait s'entourer d'une semblable ceinture, son administration municipale serait dispensée de créer bien des squares ou jardins dans ses quartiers extrêmes[1].

S'il convient que, dans chaque arrondissement, le bureau de bienfaisance soit établi auprès du Maire, qui ne saurait avoir d'attribution plus précieuse et plus importante que la présidence de cette institution charitable et la direction des secours publics, il faut que le service soit assuré par la présence, dans chaque quartier, des pieuses et saintes filles chargées de tous les soins matériels qu'il comporte.

Les maisons de secours, qui existent sur les territoires annexés à Paris, sont généralement insuffisantes ; dans quelques localités, elles font complètement défaut, et

1. L'expérience successive des guerres de 1870 et 1914 a montré l'obsolescence de cette servitude défensive face à la portée de l'artillerie. Au cours des années 1920, la démilitarisation de cet espace a permis la réalisation d'équipements sportifs et de logements. Entre 1968 et 1973, la voie de contournement imaginée par Haussmann a effectivement été réalisée sous la forme du "boulevard périphérique".

cependant, nulle part, elles ne sont plus nécessaires qu'au sein des classes laborieuses, qui forment l'immense majorité de la population des communes suburbaines.

Déjà, au moyen d'abonnements très-favorables à ces communes, leurs malades sont admis dans les hôpitaux de Paris. Sous ce rapport, elles n'apporteront guère d'autre charge à la ville agrandie qu'un accroissement de la subvention de l'assistance publique, équivalant à la somme des abonnements actuels. Mais, tout est à faire, ou peu s'en faut, pour leurs vieillards et infirmes. Les nombreux asiles que Paris tient ouverts à ces deux catégories d'indigents, et qui ne contiennent pas moins de dix mille lits, devront probablement prendre un développement proportionnel à l'énorme population malaisée que renferme la zone comprise entre le mur d'octroi et l'enceinte fortifiée.

Le remaniement des paroisses de l'ancien Paris, opéré sous la prélature du vénérable et infortuné Mgr Sibour[1], a mis à la charge de la Ville, la construction prochaine d'un assez grand nombre d'églises nouvelles. Cependant, la plupart des anciennes ont un besoin pressant de travaux de consolidation, d'agrandissement, d'amélioration, et de nombreuses constructions accessoires pour les besoins croissants du service religieux. Une commission mixte, formée de concert par S. Ém. le Cardinal-Archevêque de Paris et par moi, a pour mission de déterminer l'ordre d'urgence de ces diverses entreprises, et de régler ainsi l'emploi de la dotation de deux millions affectée, dès à présent, par le budget municipal, aux édifices religieux, et rendue à peine suffisante par l'ardent empressement des demandes des fabriques[2].

S'il en est ainsi dans l'ancien Paris, que sera-ce, Messieurs, dans les communes qui vont y être annexées ? Trois édifices en cours de construction, à La Chapelle, à Ivry, à Montmartre, devront être achevés ; Ménilmontant, La

1. Archevêque de Paris, assassiné le 3 janvier 1857.
2. "Fabrique", cf. Littré, t. II : "1. Construction d'un édifice ; ne se dit guère qu'en parlant d'une église."

54

Villette, les Ternes, la plaine de Passy, Auteuil, Montrouge, Plaisance, etc., ont des projets plus ou moins autorisés, des avant-projets pris en considération, ou tout au moins de légitimes espérances. Répondre aux sentiments religieux des populations suburbaines, en consacrant au culte des édifices plus vastes et plus dignes que les chapelles qui leur sont ouvertes aujourd'hui sur la plupart des points, sera considéré par vous, Messieurs, j'en suis assuré, comme un des bienfaits les plus immédiatement nécessaires de leur admission dans la grande famille parisienne.

Des mesures récemment prises d'un commun accord entre l'autorité diocésaine, les délégués des paroisses et mon administration, afin d'assurer, sans aucun délai, l'unité du service des pompes funèbres dans l'ensemble de la ville agrandie, auront probablement pour effet d'accroître le revenu des fabriques de la zone annexée, et de leur fournir les moyens de donner, tout à la fois, plus d'extension au service paroissial et plus de dignité au culte.

L'instruction publique apporte annuellement au budget de la Ville un surcroît de charges auxquelles le Conseil municipal a toujours tenu à honneur de subvenir avec la générosité la plus large. J'ai à peine besoin de dire que, sous ce rapport, la banlieue suburbaine va singulièrement aggraver ses obligations. Il est facile de prévoir, Messieurs, qu'elle ne vous demandera pas seulement de multiplier les écoles primaires et les asiles ; sans aucun doute, elle revendiquera aussi les établissements municipaux de mêmes degrés que l'école Turgot, que le collège Chaptal, que le collège Rollin, et, je le présume sans peine, vous ne voudrez pas plus ajourner la satisfaction des besoins intellectuels que celle des besoins moraux et religieux de ses laborieux habitants.

À côté de ces nécessités de l'ordre le plus élevé, je n'hésite pas à placer la sécurité des honnêtes gens et l'intimidation des malfaiteurs, qu'il convient de garantir, dans les nouveaux faubourgs de Paris comme dans la ville centrale, par une police vigilante, par la présence d'une force publique et par l'organisation de secours pour les cas de sinistres.

Déjà, des mesures concertées entre l'autorité supérieure, M. le Préfet de Police et moi, ont été votées d'urgence par l'ancien Conseil municipal pour mettre la police en état d'étendre sur les communes réunies, sans détriment pour la vieille cité, sa protection tutélaire. Sans parler des commissaires de police, officiers de paix, inspecteurs, etc., qui seront attachés aux nouveaux arrondissements, les sergents de la ville[1], dont l'institution bienfaisante est désormais si universellement appréciée, recevront un renfort d'environ 800 hommes. Le personnel de la police municipale sera porté à un chiffre total de 4 590 fonctionnaires et agents de tout grade.

Conformément à une décision souveraine, qui vient de consacrer les bases d'un travail également adopté d'urgence par l'ancien Conseil municipal, l'effectif de la Garde de Paris, accru de 416 hommes d'infanterie, de 52 de cavalerie, s'élèvera désormais à 2 892 hommes et 663 chevaux. La force supplémentaire ainsi créée prendra une installation provisoire dans une caserne, cédée à la Ville par l'État, qui est située rue de Sully, près du quai de Morland, sur un terrain dépendant de l'ancien arsenal. Mais il sera nécessaire d'établir, plus rationnellement qu'il ne l'est aujourd'hui, le casernement de cette petite armée parisienne, vouée à l'ordre public ; d'en mettre une partie dans le voisinage immédiat du Palais de Justice, sous la main de M. le Préfet de Police ; d'en placer une autre dans le nord de la ville ; et d'accroître l'importance de celles qui existent, dès maintenant, dans le midi, et qui sont insuffisantes.

Enfin, le corps des sapeurs-pompiers, qui compte 7 compagnies et 875 hommes, doit, aux termes d'une autre délibération de l'ancien Conseil municipal, qui a sanctionné les propositions d'une troisième commission spéciale, être porté à 10 compagnies et 1 298 hommes, et pourra, dès

---

1. Littré, t. IV : "1. Serviteur [du latin *servus, servire*]. [...] 6. Sergent de ville : agent de police [...] chargé du maintien de l'ordre public." L'appellation est demeurée celle des agents chargés de la circulation à Paris jusqu'à la Seconde Guerre mondiale.

lors, étendre son action sur toute la zone suburbaine, où le service est fait aujourd'hui par les sapeurs-pompiers de la Garde nationale, avec un zèle égal et une ardeur aussi courageuse, mais avec une instruction moins perfectionnée, des ressources moins nombreuses et une organisation moins puissante. Quatre des six casernes qui existent dans Paris seraient maintenues : celles de la rue Blanche, de la rue du Château-d'Eau, de la rue Culture-Sainte-Catherine, de la rue du Vieux-Colombier ; on supprimerait celles de la rue de la Paix et de la rue de Poissy, voisines l'une de la rue Blanche, l'autre de la rue Culture-Sainte-Catherine : six casernes nouvelles s'élèveraient à Bercy, à Ménilmontant, à La Villette, à Passy, à Grenelle, à Gentilly ; toutes fourniraient environ cent postes. [...]

Telle est, Messieurs, l'organisation puissante que recevront les corps dont dispose M. le Préfet de Police. C'est d'eux, principalement, qu'il est vrai de dire qu'ils sont l'ordre armé, la loi en action, la terreur des coupables, la protection des gens de bien. Le progrès de la raison générale a non seulement effacé l'inique préjugé qui poursuivait, jadis, jusqu'aux braves soldats voués au maintien de la tranquillité publique, mais encore leur a concilié l'estime et la reconnaissance universelles. Gendarmes, gardes de Paris, sergents de ville, tous savent apporter dans leur difficile, et souvent périlleuse mission, tant de patience avec tant de courage, tant de bon sens avec tant de fermeté, que la foule la plus aveugle respecte leur uniforme et finit par applaudir à leur action.

La police de Paris, reconstituée en l'an VIII, était bien loin d'avoir le caractère qu'elle a depuis lors acquis. Un petit nombre de commissaires de police et quelques officiers de paix étaient, à peu près, ses seuls agents ostensibles ; les autres, formant, la nuit, ce qu'on appelait des patrouilles grises, n'avouaient leur mandat qu'en cas d'impérieuse nécessité. Elle n'avait aucune force spéciale pour obéir immédiatement à ses réquisitions. Aussi, l'on conçoit que, peu après la loi du 28 pluviôse an VIII, la nécessité ait été reconnue de détacher de l'Administration municipale, placée sous l'autorité du Préfet de la Seine, même au risque d'embarrasser la marche de celle-ci, quelques attributions plus ou moins importantes, pour les donner, comme occupation extérieure, comme enveloppe, à la police qui, au lendemain des plus mauvais jours, semblait craindre de se produire[1]. Mais depuis lors la police s'est élevée, et par l'exercice mieux entendu de ses droits tutélaires, et par la franchise de ses actes. En créant les sergents de la ville, en leur donnant un costume distinct, elle s'est fait voir au grand jour, et la valeur des services qu'elle rend au public a été bientôt comprise et mesurée. Peu à peu, elle a développé son institution. Aujourd'hui, c'est une force considérable, présente partout, moitié civile, moitié militaire. Le sentiment public ne se trompe plus sur le rang mérité par ce grand service public, qui a pour but de garantir le salut de tous par la sûreté du Souverain, la tranquillité de l'État, la sécurité des personnes, et qui, tout en se montrant à découvert, sait protéger efficacement les intérêts dont il a le dépôt. [...]

J'aurai à vous proposer, Messieurs, toutes les mesures nécessaires pour étendre à la zone suburbaine les services parisiens de la petite voirie, en même temps que de la grande, de la distribution du gaz, aussi bien que de la distribution des eaux, du balayage, de l'arrosage, en même temps que de la construction et de l'entretien de la voie publique, du nettoiement non moins que de l'établissement des égouts, et ainsi de tout le reste. *

Le budget municipal de 1860 ne pourra vous être soumis, et votre session ordinaire, pendant laquelle vous en ferez l'examen, ne pourra s'ouvrir que dans les premiers jours de décembre. Mais, dès aujourd'hui, il est de toute évidence que l'extension des limites de Paris causera, au

1. Le décret du 10 octobre 1859 remet au préfet de la Seine ce qui concerne la petite voirie, l'éclairage, la perception des droits d'usage... qui jusqu'à cette date relevaient de la compétence du préfet de Police.

début, beaucoup plus de dépenses qu'elle n'apportera de ressources à la Ville.

En exposant, au mois de mars dernier, dans deux mémoires successifs, au Conseil municipal et à la Commission départementale, les dispositions du projet de loi sur l'extension des limites de Paris, j'exprimais l'espoir qu'on pourrait, à force d'attention et de prudence, obtenir la balance des unes et des autres. Aujourd'hui, la base de mes évaluations sommaires se trouve modifiée par des amendements qu'a subis le projet de loi dans les délibérations des grands corps de l'État, sous l'influence de réclamations élevées au nom des intérêts commerciaux et industriels de la banlieue suburbaine. Les immunités accordées par le projet à certaines catégories d'établissements ont été admises au bénéfice de la consommation en franchise de tous droits. Enfin, des garanties stipulées en faveur de la sûreté des perceptions ont été atténuées ou supprimées complètement. Il est à craindre que les recettes présumées de l'octroi n'en soient proportionnellement abaissées. En second lieu, les exemptions d'impôt devaient cesser, selon le projet, après cinq ans révolus ; elles se prolongeront, selon la loi, pendant dix ans, pour les entrepôts, et sept ans, pour les usines. Les sacrifices à faire par les finances de la Ville s'accroîtront d'autant.

Cependant, les nouvelles dépenses ordinaires, que les recettes correspondantes ne pourront plus couvrir, par suite de ces moins-values, ne sont pas les seules que le budget de la Ville devra supporter. À ces dépenses, viendront se joindre, pour aggraver les charges municipales, les frais qu'on peut appeler de premier établissement, et dont j'ai fait plus haut l'exposé rapide : la substitution d'un boulevard unique aux deux voies entre lesquelles marche l'enceinte actuelle, l'appropriation, même restreinte, de l'enceinte fortifiée, aux perceptions de l'octroi, et le casernement nouveau des employés de ce grand service ; la construction de mairies et de justices de paix, de maisons de secours et autres établissements charitables, d'églises et de presbytères ; la fondation d'écoles de tous les degrés ; l'établissement de casernes et de postes pour la Garde de Paris, les sapeurs-pompiers et les corps de police ; enfin, l'extension graduelle de tous les autres services municipaux, l'ouverture de voies publiques nouvelles, la construction d'égouts, la pose de conduites d'eau, d'appareils d'éclairage, etc., selon l'urgence des besoins et la mesure des forces de la Ville.

On ne pourra se rendre compte nettement que par l'expérience, des nécessités financières qui résulteront du nouvel état de choses ; mais il est probable, dès aujourd'hui, qu'il faudra recourir, d'un côté, à des ressources extraordinaires, pour accomplir rapidement et avec succès l'opération matérielle de l'agrandissement de Paris, de l'autre, à des accroissements soit temporaires, soit permanents des recettes ordinaires, pour compenser, tout au moins pendant dix ans, les déconvenues de l'extension du régime de l'octroi, sous l'effet des restrictions que la loi a formulées. […]

Plusieurs d'entre vous, Messieurs, ont naguère insisté, avec toute l'énergie de leurs convictions, pour obtenir, en faveur des intérêts spéciaux dont ils étaient les organes naturels, ces ménagements et ces atermoiements, qui doivent se traduire, pour la Ville, en augmentations de sacrifices et peut-être en embarras budgétaires. Ils n'en ont pas moins été désignés comme conseillers municipaux. La loyauté de caractère et l'élévation d'esprit qui les ont recommandés au choix de l'Empereur me sont de sûrs garants qu'ils aideront l'Administration à pourvoir aux exigences financières que, mieux que personne, ils auront comprises. D'ailleurs, le Conseil entier appliquera son expérience, ses hautes lumières et ses soins constants à maintenir, malgré tout, les finances de la Ville, dans cet état de liberté et de puissance qu'elles ont aujourd'hui, qui commande la confiance publique, et qui fait du Crédit Municipal le mieux fondé de tous les crédits.

Rien, au surplus, n'a été rédigé pour qu'il fût en mesure, et par le nombre, et par le choix de ses membres, de remplir ce laborieux et difficile mandat.

En fixant à 60 le nombre de conseillers municipaux de Paris, la loi du 16 juin dernier a voulu, non seulement assurer la représentation effective de toutes les parties de la ville agrandie, mais aussi donner à l'Administration municipale encore plus d'utiles collaborateurs que par le passé.

La disposition qui porte que deux des membres au moins du Conseil seront choisis dans chaque arrondissement, et qui garantit une représentation locale suffisante aux territoires les moins peuplés, indiquait assez que la population était la base d'après laquelle il convenait de répartir les soixante sièges de cette assemblée entre les vingt arrondissements du nouveau Paris.

On s'est attaché à suivre, en ce point, l'esprit aussi bien que la lettre de la loi, et comme dix des arrondissements contiennent environ deux fois autant d'habitants que les dix autres, on a été conduit à faire osciller, autant que possible, la représentation de chacun, entre le minimum de deux conseillers et le maximum de quatre. On a considéré, d'ailleurs, le domicile de fait comme une condition essentielle. C'est, il faut bien le reconnaître, au lieu de l'habitation, que l'efficacité ou le défaut de toutes les mesures d'édilité sont le plus vivement sentis.

Mais ces règles n'étaient pas les seules à suivre. En effet, si Paris est une grande ville, centre d'activité commerciale et industrielle, de productions spéciales, de consommations prodigieuses, d'échanges incessants, c'est surtout la capitale d'un grand empire, *, le siège de tous les corps par lesquels s'exerce la puissance publique de la France, le foyer universel des lettres, des sciences et des arts. Cette cité ne saurait donc avoir une Administration purement municipale. L'État intervient et doit intervenir, plus ou moins directement, dans toutes ses affaires ; car il concourt à sa splendeur, soit par les palais et les monuments qu'il y élève, les fondations et les musées qu'il y entretient, soit par une participation permanente aux dépenses de certains services, tels que la Garde de Paris, la police locale, l'entretien du pavé, soit enfin, par des subventions applicables aux entreprises d'édilité qui dépasseraient les forces contributives de la population. C'est un Préfet de l'Empereur qui occupe l'Hôtel de Ville et qui y remplit les fonctions administratives qu'exerce partout ailleurs le Maire ; c'est l'Empereur qui nomme le Conseil municipal, institution élective dans les autres cités de l'Empire. Afin de former dignement un tel corps, il fallait donc que les représentants des intérêts locaux fussent pris, non seulement dans toutes les classes de la société parisienne, mais aussi à tous les degrés de la hiérarchie politique, judiciaire, administrative.

[...]

Avant tout, vous allez avoir à compléter la constitution de votre bureau par l'élection d'un secrétaire et de deux vice-secrétaires. Je vous propose de déléguer, en outre, l'un de vous, sous tel titre que vous jugerez à propos de lui conférer, pour régler tout ce qui a trait au service de cette assemblée, dont l'extension ne permet plus de confondre ce soin avec le droit de police des séances qui appartient à son président, ni avec les attributions spéciales de son secrétaire ; pour prendre ou provoquer toutes les mesures qui peuvent être utiles au bon ordre des réunions, au bien-être des membres du Conseil, et pour entrer, à ce sujet, en relations directes avec mon administration, dans toutes les circonstances où cela sera nécessaire.

Le Conseil municipal a l'usage de se partager en comités, à chacun desquels sont renvoyées toutes les affaires d'un même ordre, pour être examinées préalablement en détail, éclairées, s'il en est besoin, au moyen de renseignements supplémentaires, et, ensuite, rapportées au Conseil, en séances générales. En outre, des commissions spéciales et permanentes ont pour mission de suivre des affaires exceptionnelles qui exigent une longue étude, et qui se développent par phases successives, ou de participer, dans certaine mesure, et pour certains objets, à des actes d'instruction administrative. Dans ce dernier cas, les membres en sont désignés par le Préfet. [...]

Or, l'ancien Conseil ne forme point, ici, un groupe à part ; les nouveaux membres sortent des mêmes rangs, du même milieu, où règne l'amour énergique du vrai et du bien. Dans deux mois, la zone suburbaine et la ville d'aujourd'hui ne feront qu'une cité ; dès à présent, il n'y a qu'un Conseil municipal.

Depuis le règne de Napoléon III, ont disparu les anciennes et déplorables rivalités de quartiers, d'arrondissements, de rive droite et gauche, qui avaient, sous le régime parlementaire, gêné si souvent l'action de l'Administration municipale de Paris, empêché les meilleures mesures et fractionné le Conseil. Ces divisions effacées ne renaîtront pas entre les vieux Parisiens et les nouveaux. Les vœux, les intérêts des populations locales se feront entendre sans réticence, et seront scrupuleusement écoutés ; mais, lorsqu'une décision sera prise, chacun, suivant une des meilleures traditions de l'ancien Conseil, ne se rappellera plus que les motifs sérieux, élevés, prédominants, qui auront toujours dicté le vote.

Un conseiller municipal de Paris n'est pas seulement l'organe des populations vis-à-vis de l'administration communale ; c'est aussi l'interprète de l'Administration elle-même auprès des populations. En France, un bon acte, bien expliqué, est toujours un acte approuvé ; car le sens du public y est, au fond, plein de justesse et d'équité. Vous-mêmes serez en mesure de juger, jusqu'au fond, toutes les affaires qui vous seront soumises. Jamais, je ne trouverai vos investigations trop complètes. [...]

IV

L'HISTOIRE COMME DISCIPLINE

Haussmann ne montre pas seulement sa connaissance effective de l'histoire de l'espace parisien. En lui conférant son statut de science humaine, il donne aux aménageurs professionnels une leçon que nos écoles actuelles d'architecture et d'urbanisme n'ont, pour la plupart, pas encore intégrée.

LA DIMENSION ANTHROPOLOGIQUE DE L'HISTOIRE[1]

Notre siècle, et ce sera l'une de ses gloires, a donné une impulsion remarquable aux études historiques.

Le simple récit des événements, tel qu'il nous a été transmis par les chroniqueurs et les annalistes, ne répondait plus aux légitimes exigences de la critique moderne ; la science contemporaine, en excitant de nouveaux désirs, s'efforce chaque jour d'y satisfaire davantage. Non contente de préciser les lieux ou les dates, et de scruter les faits dans leurs sources les moins connues, elle en recherche librement les causes et les conséquences ; elle étudie les peuples et les cités dans leurs origines les plus lointaines, et nous les révèle sous des aspects tout à fait inattendus. Des esprits investigateurs

---

1. *In* Haussmann, *Histoire générale de Paris*, collection de documents, Paris, Imprimerie impériale, 1866, 222 p., pour l'introduction du Préfet Haussmann p. 7-12.

se succèdent dans cette voie ; grâce à leurs travaux persé-vérants, l'Ethnographie, l'Archéologie et la Linguistique, sciences à peine soupçonnées autrefois, sont devenues par-ties intégrantes de l'Histoire[1], et c'est dans ces conditions toutes nouvelles que s'élabore aujourd'hui le grand œuvre de la reconstruction de l'Antiquité et du Moyen Âge ; c'est par cette continuité d'efforts que s'étend chaque jour l'ho-rizon, naguère si restreint, des connaissances historiques. Ces idées sont familières à Votre Majesté. L'étude de l'His-toire a été autrefois pour elle une occupation et un refuge. *

Cette persistance d'un Souverain à rechercher dans le passé l'explication du présent et la préparation de l'avenir est la plus haute expression et la manifestation la plus écla-tante des tendances modernes. *

La Ville de Paris s'est imposé, sous mon administration, l'obligation de ne rester étrangère à aucun des efforts de l'intelligence contemporaine. Ce devoir m'a paru d'autant plus impérieux, au point de vue spécial sur lequel je me per-mets d'attirer l'attention de Votre Majesté, que la Ville y a un intérêt direct et en quelque sorte personnel : son his-toire est encore à faire.

Je n'ai pas pensé qu'il fallût essayer une fois de plus de composer la monographie de Paris, et de créer, en suivant les anciens errements, une de ces œuvres laborieusement complexes, telles qu'il s'en produit encore aujourd'hui. L'his-toire de la Capitale de la France est un thème trop vaste, un tableau trop chargé, pour qu'on puisse espérer d'y réussir. En effet, indépendamment des faits religieux et politiques, la formation successive de la Ville, sa topographie, son admi-nistration, ses monuments, ses institutions de toute nature, constituent autant de branches distinctes, qu'il est impos-sible d'embrasser à la fois sans confusion.

1. Cf. *supra*, p. 14.

Les deux derniers siècles nous ont légué, il est vrai, des ouvrages spéciaux sur les antiquités, les transformations, les mœurs et les traditions de la Cité parisienne ; mais la plupart de ces travaux ne sont plus à la hauteur de l'érudition moderne, et l'on essaye chaque année de les rajeunir ou de les compléter par de nouvelles entreprises. Ainsi la bibliographie de Paris s'accroît sans cesse, et presque sans profit ; car, en raison des avances considérables que nécessite un livre irréprochable sous le rapport de l'impression et des gravures, il apparaît bien rarement quelque ouvrage qui réponde à la grandeur et à l'importance du sujet.

Depuis plusieurs années, Sire, j'ai acquis la conviction que la Ville de Paris ne sera dotée d'une histoire digne d'elle, que si elle substitue son initiative aux efforts individuels tentés jusqu'ici. Pour être générale, pour pouvoir s'agrandir et se compléter sans cesse, cette histoire devra consister en une Collection de Monographies et de Documents originaux. Chacune de ces publications étant en particulier une œuvre remarquable, leur ensemble constituerait plus tard un véritable monument.

Avant de soumettre mon projet à Votre Majesté, j'ai voulu me rendre compte de la possibilité d'en assurer la réalisation. Dans ce dessein, dès 1860, j'ai proposé au Conseil municipal diverses mesures pour la recherche, la mise en ordre et la publication de documents relatifs à l'histoire administrative et à la topographie ancienne de Paris. En cette circonstance, comme dans toutes celles qui intéressent la gloire du règne de Votre Majesté et l'honneur de la Ville, j'ai trouvé dans le Conseil un auxiliaire dévoué. Pendant cinq années, les travaux historiques de la Ville ont été poursuivis sans relâche, et surveillés par une Commission spéciale, composée de Conseillers municipaux, auxquels ont bien voulu s'adjoindre des savants dont le nom fait autorité. Aujourd'hui l'épreuve est terminée ; je crois pouvoir réaliser mon projet d'Histoire générale de Paris.

Avant de poser la première pierre de ce nouveau monument élevé à la gloire de la Ville, avant de mettre au jour le premier volume de cette publication, j'ai cru devoir exposer à Votre Majesté les motifs qui m'ont dirigé. *

Le Sénateur. Préfet de la Seine,
G. E. HAUSSMANN.

UN EXEMPLE CONCRET : L'HISTOIRE DU LOUVRE[1]

Tout le monde sait que notre beau Paris, dont nous sommes si fiers, n'occupait, dans le principe, qu'une des îles de la Seine comprises dans son périmètre actuel, et n'était qu'une station de pêcheurs et de patrons de barques.

Je n'apprendrai donc rien à personne, en rappelant ici que la Cité, – l'antique Lutèce, la "ville de boue", suivant une étymologie latine, peu flatteuse[2], – fut le berceau de Paris.

Le "Palais" de Justice qui la couvre, en grande partie, doit son nom à ce que le "Temple de Thémis" fut installé jadis, – sous le règne de Philippe le Bel, – dans le Palais des Rois, transformé par gradations, depuis lors, et resté finalement le domaine exclusif du Parlement, des Cours, des Tribunaux, et des services publics se rattachant à leur action.

Mais il n'est pas sans intérêt, pour comprendre ce qui va suivre, de préciser les époques où le Louvre, d'abord, les Tuileries ensuite, remplacèrent le Palais de la Cité, comme résidence officielle des Souverains, jusqu'à ce que Louis XIV transférât sa cour à Versailles.

Le Louvre et les Tuileries
Pendant la Domination Romaine, le Palais des Thermes situé hors de la ville, sur la rive gauche de la Seine, recevait

1. Cf. *Mémoires, op. cit.*, p. 813 *sq.*
2. Cf. Littré, *op. cit.*, t. III, p. 362. "*Lut terreux* : fait avec de la terre à four détrempée et mêlée de crottin de cheval ou de boue hachée."

les Empereurs qui visitaient les Gaules, et les souvenirs du séjour qu'y fit l'Empereur Julien, transmis d'âge en âge, appartiennent à l'Histoire de Paris.

Les Rois de France de la première et de la seconde Races ont laissé de moindres marques dans la Cité même, avant Eudes, qui fortifia "le Palais" contre les invasions des Normands (888).

Robert, fils de Hugues Capet, développa ces constructions (996).

Au XIIᵉ siècle, Louis le Gros et Philippe-Auguste, son petit-fils, en complétèrent les défenses par l'érection de trois tours, qu'on voit encore. L'une d'elles, sur le Quai de l'Horloge, porte le même nom de Philippe-Auguste.

Mais ce Prince, auquel est due la première enceinte complète de Paris, où toute une ville nouvelle s'était fondée, fit aussi construire antérieurement, au bord du fleuve, en aval, la première tour et les premiers bâtiments du Louvre.

Sans doute, il protégea par ce moyen l'extrémité la plus exposée de son rempart. Toutefois, il est permis de supposer que Philippe-Auguste se préoccupait, comme d'autres puissants Rois après lui, de se ménager en même temps, hors la ville, une résidence à l'abri des agitations fréquentes et des entreprises possibles au-dedans.

Cependant, ses successeurs, tout en accroissant le Louvre jusqu'à faire de son ensemble une véritable forteresse, continuèrent à demeurer au Palais, où saint Louis édifia, non seulement la Sainte-Chapelle, mais encore le Donjon appelé Tour de Montgomery, depuis la captivité du Sire de ce nom, la grande Salle et le Trésor des Chartes.

Philippe le Bel y fit faire d'autres constructions importantes et de nouvelles défenses de ses murs, sous la direction de son infortuné Contrôleur Général des Finances, Enguerrand de Marigny.

Ce Roi tint au Palais de la Cité la première Assemblée des États-Généraux, et quand il institua les Parlements, il y logea celui de Paris.

C'est Charles V qui, sous l'impression du meurtre de Jean de Conflans et de Robert de Clermont, commis au Palais même, en sa présence, par les suppôts du Prévôt des Marchands, Étienne Marcel, transféra le siège de la Royauté dans le Louvre, en 1358, durant la captivité du Roi Jean, son père. Lui-même alla résider à l'Hôtel Saint-Paul, qu'il avait acquis, agrandi, puis, entouré de vastes jardins, et surtout, de vergers renommés, et qu'il donna, dès 1364, au Domaine, lors de son avènement au Trône. Mais il se servait des grandes salles du Palais pour ses festins et réceptions. Le banquet splendide, qu'il offrit à l'Empereur Charles IV, eut lieu dans la salle de la Table de Marbre.

Les successeurs de ce Roi, sage et prudent, résidèrent au Louvre, officiellement, bien que plusieurs, Louis XI, Charles VIII, Louis XII, aient fait de notables embellissements au Palais.

Mais, à partir du règne de François Ier, les Rois s'occupèrent surtout du Louvre en premier lieu, des Tuileries ensuite.

C'est dans la dernière année de la vie du Roi-Chevalier (1547) que furent projetées, et, sous le règne de Charles IX, que furent continuées et nettement caractérisées les constructions nouvelles, par Pierre Lescot, Seigneur de Clagny, le grand architecte. On lui doit le Pavillon dit de l'Horloge et ses ailes, qu'il bâtit sur l'emplacement de la Grande Salle Gothique du Trône de Charles V et des Rois suivants, de Charles VI à Louis XII, dans la vieille forteresse de Philippe-Auguste, considérablement agrandie avant que le Prévôt des Marchands, Étienne Marcel, fît abattre une partie de l'enceinte élevée par ce grand Prince, pour la reporter en aval du Louvre, afin d'englober la demeure du Souverain dans Paris, et de mieux tenir son Maître sous sa puissance factieuse.

À la suite de ses premières constructions, Pierre Lescot installa le nouveau logement royal, dans un bâtiment perpendiculaire au Quai ; il édifia la Petite Galerie, parallèle au fleuve, décorée par Jean Goujon dans le goût le plus pur de la Renaissance, galerie qui porte le nom de Henri II, et qui forme retour à l'Ouest, jusqu'à l'ancien Pavillon de Lesdiguières.

En aval de celui-ci, la Tour dite en Bois (bien qu'elle fût en pierre), à cause des engins de balistique la surmontant, terminait la clôture de Paris, modifiée de ce côté, comme je viens de le dire, par Étienne Marcel, et nommée Enceinte de Charles V. On y pratiqua la Porte-Neuve, bien après l'ouverture de celle qui donnait accès à la rue Saint-Honoré, laquelle ne descendait pas plus bas que cette Enceinte, à l'avènement de Charles IX et de l'influence prépondérante de la Reine-Mère : Catherine de Médicis.

Je note, en forme de parenthèse, que l'Empereur Napoléon III, pour conserver les compositions de Jean Goujon, fit remplacer les pierres effritées des façades de la Petite Galerie, par d'autres, où l'on reproduisit fidèlement les anciennes sculptures, conformément aux modèles fournis par des moulages exécutés avec le plus grand soin.

Il est impossible de supposer que Henri II, quand il fit construire cette galerie en retour, le long du Quai, pensât réunir, un jour, les Tuileries au Louvre ; car les Tuileries n'existaient encore qu'à l'état de projet !

Ce fut seulement plusieurs années après sa mort, que sa veuve, sur l'indication de Pierre Lescot, – de M. de Clagny, comme on le désignait, – chargea le Lyonnais Philibert Delorme d'en dresser le plan et, plus tard, d'en exécuter les constructions, en vertu d'une Ordonnance obtenue du Roi, son fils, sur des terrains précédemment acquis hors ville et complétés par de nouveaux achats.

Le projet de Philibert Delorme ne comprenait pas le Pavillon Central des Tuileries, les Pavillons dits de Médicis et les ravissantes galeries intermédiaires, qui n'avaient primitivement qu'un étage et la demi-épaisseur de ces hautes et massives constructions. Elles offraient, à l'Ouest, du côté du jardin, des terrasses ornées de magnifiques vases, supportées par des arcades formant, au rez-de-chaussée, des promenoirs couverts. L'effet de l'ensemble, que j'ai vu, non encore modifié, sous les règnes des Rois Louis XVIII et Charles X, était incomparable.

Philibert Delorme mourut avant d'avoir complètement terminé son œuvre capitale, dont Jean Bullant fut le continuateur. Il est certain que, loin de songer à rattacher les Tuileries au Louvre, il méditait une combinaison inconciliable avec ce dessein.

D'ailleurs, l'enceinte fortifiée de Charles V, qui suivait à peu près la ligne actuelle de la grille des Tuileries, sur la Place du Carrousel, constituait un obstacle dont on n'avait pas lieu de prévoir la disparition prochaine, et qui ne fut détruit qu'en 1634, sous le règne de Louis XIII.

Le nouveau Louvre ne se composait encore, alors, que des constructions de Pierre Lescot.

Après la mort de Philibert Delorme et pendant une longue suite d'années, les Tuileries ne dépassaient pas, je le répète, les Pavillons de Médicis.

Ceux de Flore et de Marsan ne furent élevés que sous le règne de Henri IV, par Jacques Androuet Du Cerceau, qui les relia par deux corps de logis aux précédents.

C'est également sur l'ordre de Henri IV que le même architecte construisit "à telles fins que de raison", ainsi que le disait ce Prince habile, la Grande Galerie se décrochant à fausse équerre du Pavillon de Flore, pour aller, en remontant, gagner celui de Lesdiguières et se réunir de cette façon à la Galerie de Henri II, en dépit de l'Enceinte de Charles V.

Henri IV montrait, paraît-il, une grande hâte d'obtenir ce résultat. Il ne s'agissait pas d'une combinaison architecturale décorative. Ce Roi vaillant, chez qui le Courage n'excluait pas la Prudence, tenait à s'assurer une voie, toujours ouverte pour lui, traversant la muraille fortifiée de Paris, et lui permettant de sortir de la ville sans donner l'éveil à personne autour de lui.

Sous le règne de Charles IX, une enceinte nouvelle, qui reçut le nom de ce Prince, avait été construite par les ordres de la Reine-Mère, à l'extrémité des Jardins des Tuileries, sur l'emplacement actuel de la Place de la Concorde, – que recouvraient alors, comme celui de nos Champs-Élysées, des terres en culture et des marais, – mais seulement afin de préserver son Palais préféré des attaques extérieures.

Cette enceinte, perpendiculaire au fleuve, suivait l'alignement de notre Rue Royale. Elle se terminait, sur le Quai, par la Porte de la Conférence, dont la clé représentait, pour elle et pour le bon Roi Henri, la clé des champs. De l'autre côté, la rue Saint-Honoré, dont la première Porte, celle de l'Enceinte de Philippe-Auguste, se trouvait à la hauteur de la rue du Louvre, et la seconde, celle de l'Enceinte de Charles V, à la hauteur de la rue du Rempart, disparue sous mon administration, en eut une troisième, au point qu'indique une tradition locale, en face de l'entrée de notre aristocratique faubourg, à l'Élysée où résident les chefs de l'État.

C'est l'existence de cette Enceinte de Charles IX, qui permit de raser, en 1634, celle de Charles V, comme, en 1358, la construction de celle-ci même avait permis au Prévôt Étienne Marcel de faire démolir la partie correspondante de l'Enceinte de Philippe-Auguste.

Le Cardinal de Richelieu fit reprendre l'œuvre de Pierre Lescot, par l'architecte Le Mercier, qui reproduisit, au Nord, mais avec des modifications regrettables, le côté du nouveau Louvre construit, en regard du Couchant, par le "Seigneur de Clagny".

Sous le règne de Louis XIV, nous voyons l'architecte Le Vau chargé de la construction du côté Sud.

En 1664, le Roi fit venir à grands frais d'Italie, pour prendre la direction supérieure des travaux, le Cavalier Bernin, déjà fatigué par l'âge, mais dont il n'adopta pas les plans.

En 1667, Claude Perrault, médecin de profession, architecte de goût, parvint à se faire confier par ce Monarque la mission de compléter le quadrilatère, et commença du côté du Levant, qui fait face, en regard de la cour, à l'œuvre de

Pierre Lescot, et que décore, à l'extérieur, la célèbre Colonnade. Mais la mort vint l'interrompre aussi dans son travail.

Rien d'important ne signala, sous Louis XV et Louis XVI, l'intervention des successeurs de l'illustre médecin-architecte, pas même celle de Soufflot. Des portions de bâtiments n'étaient encore ni closes ni couvertes, et des échafaudages délabrés attristaient la vue sur nombre de points, quand l'Empereur Napoléon Ier prit en main l'achèvement de l'œuvre successive de tant de Rois, impuissants pour la mener à terme, et dont il chargea les architectes Percier et Fontaine.

C'est lui, d'ailleurs, qui fit construire le Pont des Arts (1805), afin de relier au Louvre le Palais de l'Institut, dit des "Quatre-Nations".

Mais le temps lui manqua pour terminer la jonction du Louvre et des Tuileries, commencée activement sous son règne.

Lors de l'ouverture de la première section de la rue de Rivoli, de la rue Saint-Florentin au Passage Delorme, les architectes firent édifier une portion de grande Galerie allant du Pavillon de Marsan à la grille de la Cour des Tuileries. Plus tard, ils amorcèrent, sur la rue du Musée, la continuation de l'aile du Louvre correspondant à celle que termine l'ancien Logement Royal, afin de reproduire celui-ci dans l'emplacement qu'occupait l'Hôtel de Beauvoir. Les événements de 1814 paralysèrent l'achèvement de la rue de Rivoli, du Passage Delorme à la Place du Louvre, et, partant, la construction du complément de la galerie commencée en face de celle du Bord de l'Eau.

Le Carrousel

Les choses restèrent en cet état durant toute la Restauration et le Gouvernement de Juillet, et je les y trouvai lorsque je fus chargé d'opérer le dégagement de la Place du Carrousel et de tout l'espace couvert de bâtiments, compris entre elle et la façade occidentale du Louvre. On y voyait toujours, comme à la fin du règne de Louis XVI, l'ancien Hôtel des Pages, les anciennes Écuries du Roi, l'ancien Manège (où siégea la Convention Nationale), édifices dépourvus de tout caractère, perdus au milieu de masures construites sans ordre, en avant desquelles se dressait, comme une quille, cet Hôtel de Nantes, resté légendaire, qui gênait la traversée de la Place et paraissait défier le Roi Louis-Philippe, aux Tuileries, de le faire démolir.

Ce fut une grande satisfaction pour moi que de raser tout cela pour mes débuts à Paris, en même temps que cette rue du Rempart, en diagonale devant le Théâtre-Français, où je m'étais imprudemment fourvoyé le 29 juillet 1830, comme je l'ai raconté dans le second chapitre de mon premier volume.

Depuis ma jeunesse, l'état délabré de la Place du Carrousel, devant la Cour des Tuileries, me semblait être une honte pour la France, un aveu d'impuissance de son Gouvernement, et je lui gardais rancune.

C'est durant le règne de l'Empereur Napoléon III, que l'aile des Tuileries faisant retour d'équerre, à l'Est du Pavillon de Marsan, parallèlement aux premières maisons de la rue de Rivoli, fut continuée jusqu'au Louvre, sur l'emplacement devenu libre, grâce à mes démolitions, aile amorcée par MM. Percier et Fontaine, jusqu'aux premiers guichets du Carrousel, pendant le règne de l'Empereur Napoléon Ier. L'Architecte de Sa Majesté, M. Lefuel, remplaçant MM. Duban et Visconti, fit construire, d'après leurs plans améliorés par lui sous beaucoup de rapports, les bâtiments des Ministères d'État et de la Maison de l'Empereur, occupés maintenant par le Ministère des Finances. Ils prenaient entrée sur la rue de Rivoli, comme ceux qui leur font pendant, du côté du Quai, derrière la Galerie Henri II restaurée.

Au milieu de la Place Napoléon III et des parterres plantés qui séparent les uns des autres, on avait érigé la statue de l'Empereur, insuffisamment remplacée par celle de Gambetta.

Certes, je ne puis dire qu'aucun des architectes, antérieurs à l'Empire, dont j'ai cité les noms célèbres, n'eut la pensée de rattacher les Tuileries au Louvre du côté de la Ville, comme Henri IV l'avait fait du côté du fleuve. Bien au contraire, ils y songèrent pour la plupart ; mais ils s'arrêtèrent devant la nécessité de démolir avant tout un quartier considérable, où l'on rencontrait les Écuries du Roi, le grand Manège, et l'Hospice primitif des Quinze-Vingts.

Claude Perrault avait porté son étude assez loin pour s'occuper des moyens de masquer le défaut de parallélisme des deux Palais, par un bâtiment transversal à construire entre les deux, et son idée avait été reprise, en 1810, par MM. Percier et Fontaine, qui proposaient de transférer la Bibliothèque Impériale dans ce bâtiment. Mais l'Empereur Napoléon Ier, bien qu'il admît le dégagement du Carrousel, repoussa leur projet, en disant que les "oiseaux seuls s'aperçoivent de l'irrégularité des grands espaces".

Je le répète, c'est durant le règne de ce grand Souverain seulement que l'entreprise, difficile et coûteuse, de réunir complètement les deux Palais, fut abordée, avec la ferme intention de la conduire à bout, et sous le règne de Napoléon III qu'elle fut enfin réalisée.

Quant au Palais des Tuileries, sous Louis XIV, l'architecte Le Vau, chargé par ce roi de relever diverses parties du Palais, pour y créer de nouveaux logements, ne put le faire qu'en alourdissant beaucoup l'œuvre de ses prédécesseurs, notamment le Pavillon Central de Philibert Delorme.

Sous le règne du Roi Louis-Philippe, préoccupation du même genre : le besoin d'agrandir les Galeries de Réception attenant à la Salle des Maréchaux, et d'augmenter le nombre des appartements affectés à la belle-famille du Roi, qui s'accroissait, amena des changements bien plus regrettables encore : on doubla l'épaisseur des ailes reliant le Pavillon Central aux Pavillons de Médicis, par la suppression des charmantes terrasses existant au premier étage, du côté du jardin.

Cette entreprise modifia du tout au tout, de ce côté, l'aspect général du Palais, que j'avais tant admiré sous les règnes des Rois Louis XVIII et Charles X, bien avant les constructions massives qui supprimèrent les reliefs, d'un si grand effet de l'ancienne façade, ménagés avec tant d'art par Philibert Delorme.

Aussi, lorsqu'en 1879, devant la Chambre des Députés, je combattis le projet présenté par le Gouvernement Républicain de faire disparaître les ruines des Tuileries, incendiées en 1870, et d'établir de nouveaux jardins entre les Pavillons de Flore et de Marsan, reconstruits à l'extrémité des galeries divergentes venant du Louvre et sauvées du désastre, demandai-je qu'on se bornât à raser les ruines du grand corps de logis, peu regrettables, édifiées par Jacques Androuet du Cerceau, pour joindre ces Pavillons à ceux dits de Médicis, et qu'au lieu de détruire les restes de l'œuvre de Philibert Delorme, on la restaurât telle que ce grand artiste l'avait conçue pour y transférer ensuite le Musée des productions de l'Art Moderne, fort mal installé dans le Palais du Luxembourg.

L'exiguïté relative des constructions édifiées par Philibert Delorme ne permettait pas de craindre qu'on pût jamais en faire, de notre temps, le séjour d'un Souverain, et je ne manquai point de faire valoir cette considération, au grand étonnement de la Gauche ; mais je m'abstins d'expliquer pourquoi je partageais ses répugnances à cet égard.

En réalité, depuis le renversement de l'Empire par une insurrection, en 1871, je demeurais et suis toujours convaincu de la sagesse des préoccupations causées à tous nos Rois, même les plus puissants, par le caractère impressionnable, turbulent, des masses populaires parisiennes : depuis Philippe-Auguste, faisant construire la forteresse du Louvre qui devait lui servir de résidence, hors des murailles dont il enclôt sa Capitale, jusqu'à Louis XIV transférant le siège de son Gouvernement à Versailles.

Charles V ne se trompa pas sur les vrais motifs d'Étienne Marcel, reportant l'Enceinte de Philippe-Auguste au-delà du Louvre, ainsi capturé de fait, et Catherine de Médicis ne choisit pas sans de bonnes raisons, pour y placer le nouveau Palais qu'elle projetait, le terrain des Tuileries, hors de l'Enceinte de Charles V.

Enfin, Henri IV nous apprend lui-même pourquoi le prolongement de la Galerie de Henri II jusqu'au Pavillon de Flore, à travers cette Enceinte, lui causait tant d'impatience.

Qui peut dire si le Gouvernement Impérial, établi, comme celui de Louis XIV à Versailles, eût été renversé d'un coup de main en 1870, comme il le fut à Paris, et si l'Impératrice Régente, au lieu d'être obligée de chercher son salut dans un départ précipité qui mit fin à toute pensée de résistance au mouvement parisien, eût maintenu chez nous son autorité, malgré Sedan (sauf à transférer, lors de l'approche de l'ennemi, le siège du Gouvernement de Versailles à Tours, voire même à Bordeaux), et, finalement, traité de la paix dans de moins mauvaises conditions que M. Jules Favre, représentant d'un Pouvoir Insurrectionnel ?

Quoi qu'on en pense, depuis la catastrophe de 1870, mon sentiment est qu'un Souverain jaloux de son indépendance, s'il ne peut, à l'exemple du Grand Roi Louis XIV, à l'apogée de sa puissance, adopter, de nos jours, pour siège habituel de son Gouvernement, le château de Versailles, devrait pour le moins avoir, dans cette ville, une résidence toujours prête, et une installation disposée d'avance pour son Gouvernement et les Grands Corps de l'État, afin de pouvoir s'y transporter avec eux, en quelques heures, quand sa sûreté menacée par une insurrection parisienne l'exigerait.

Purement technique, ma discussion à la Chambre des Députés de 1879, ne put prévaloir sur le désir de la majorité, de voir disparaître tout vestige de l'ancienne demeure de la "Tyrannie". Je démontrai vainement : 1° que le grand vide qu'on allait faire entre les deux Pavillons de Flore et de Marsan ne permettait plus d'en saisir la corrélation ; 2° que le peu de corps et de hauteur de cet Arc de Triomphe du Carrousel, trop exigu, trop éloigné, d'ailleurs, de cet intervalle, le rendrait insuffisant comme perspective finale du Jardin des Tuileries, cette œuvre admirable de Le Nôtre, de la Grande Avenue des Champs-Élysées, de la Place de l'Étoile, et surtout de l'Arc de Triomphe colossal qui la domine ; que, perdu dans un espace immense, où l'œil ne saurait plus à quoi le rattacher, cet Arc du Carrousel n'aurait plus désormais d'excuse de son désaccord avec l'orientation du Louvre ; 3° qu'il fallait, de toute nécessité, avoir sur l'emplacement de l'ancien Palais, entre les deux Pavillons reconstruits, un motif architectural considérable. On masquait le défaut des Pavillons du Louvre, de se trouver en dehors du prolongement de l'axe commun du Jardin et des Champs-Élysées, sauf à dissimuler ensuite, par un édifice transversal terminant la Place du Carrousel, le manque de parallélisme des Tuileries et du Louvre.

S'il est vrai que l'irrégularité des grands espaces échappe à bien des yeux, il n'est pas besoin d'être oiseau pour voir, non seulement que les deux axes des deux Palais ne se confondent pas, mais, bien plus, qu'ils ne se rencontrent même nulle part, et sont, au contraire, absolument divergents.

Tôt ou tard, on reconnaîtra l'impossibilité de laisser les choses en l'état où les a mises la destruction de la partie centrale du Palais des Tuileries.

V

PARIS VILLE MÈRE[1]

Face à l'afflux de populations nouvelles que draine à Paris la révolution industrielle, Haussmann dresse du même coup le programme des travaux à réaliser pour faire des espaces publics parisiens le support d'un nouveau type d'appartenance et de communauté urbaine.

En somme, que faut-il voir dans cette agglomération d'habitants et d'intérêts de toutes classes et de tous ordres ? Qu'est-ce que Paris ? Une Commune bien populeuse, bien plus considérable que celles du reste de la France, mais pouvant, d'ailleurs, leur être assimilée sous tous les rapports ? Non.

Paris n'est pas une Commune ; c'est la Capitale de l'Empire, la propriété collective du Pays entier, la Cité de tous les Français [...] – le foyer universel des Lettres, des Sciences et des Arts.

Cette Cité ne saurait donc avoir une Administration purement municipale.

L'État intervient et doit intervenir directement et sans cesse, dans ses affaires ; car, il concourt à sa splendeur, soit, par les Palais et les Monuments qu'il y élève ; les Fondations et les Musées qu'il y entretient ; soit, par une participation permanente aux dépenses de certains Services, tels que la

1. *Ibid.*, p. 554.

79

Garde de Paris, la Police locale, l'entretien du Pavé ; soit, enfin, par des subventions applicables aux entreprises d'édilité qui dépasseraient les forces contributives de sa Population. C'est un Préfet * qui occupe l'Hôtel de Ville et qui remplit, à Paris, les fonctions administratives exercées ailleurs par le Maire. […]

L'Organisation Municipale de Paris ne peut être établie sur l'Élection, comme celle des autres communes *. Ici, l'exception est une nécessité. Elle constitue une règle.

En effet, est-ce bien, à proprement parler, une "Commune" que cette immense Capitale ? Quel lien municipal unit les deux millions d'habitants qui s'y pressent ? Peut-on même observer entre eux des affinités d'origine ? Non ! La plupart appartiennent à d'autres départements ; beaucoup, à des pays étrangers, dans lesquels ils conservent leur parenté, leurs plus chers intérêts, et souvent, la meilleure part de leur fortune. Paris est, pour eux, comme un grand marché de consommation ; un immense chantier de travail ; une arène d'ambitions ; ou, seulement, un rendez-vous de plaisir. Ce n'est pas leur Pays.

Des jeunes gens, accourus de tous les points du Monde, y viennent suivre des classes, des Écoles Préparatoires, des cours de Facultés, ou étudier une profession dans les bureaux de la Finance, dans les magasins du Commerce, dans les ateliers de l'Industrie ; mais, c'est, pour le plus grand nombre, un lieu de passage ; leur famille, leur maison paternelle, leur commune sont ailleurs.

Des ouvriers, par centaines de mille, affluent à Paris, pour chercher des salaires élevés, et amasser un pécule qui leur permette de se retirer ensuite chez eux. Parmi ceux qui restent, s'il en est un grand nombre qui, par le travail, l'ordre et l'économie, arrivent à se faire une situation honorable dans la ville ; si plusieurs même s'élèvent jusqu'aux premiers rangs de l'Industrie et s'ouvrent l'accès de toutes les positions, comme le prouveraient au besoin les listes anciennes et la liste nouvelle du Conseil Municipal ; d'autres, en trop grand nombre, ballottés incessamment d'ateliers en ateliers, de garnis en garnis, ayant, pour tous foyers, les lieux publics ; pour toute parenté, le bureau de bienfaisance, auquel ils s'adressent dans le malheur, sont de véritables nomades au sein de la Société Parisienne, absolument dépourvus du sentiment municipal, et ne retrouvent, au fond de leur cœur, celui de la Patrie, que dépouillé de ce qui le précise, le guide et l'épure chez les populations sédentaires.

Je ne parle pas du grand nombre de fonctionnaires arrivés par avancement au centre de l'Administration Publique, ni des hommes d'intelligence que leur talent, leur génie ou leurs illusions amènent dans l'immense ville, pour y conquérir la renommée ou la fortune, mais qui ont le point de départ et le but de leur vie en province. Ceux-là sont, pour la Cité Parisienne, quand elle peut les retenir, de précieuses acquisitions.

Mais, je ne saurais oublier cette masse toujours renouvelée de personnes déclassées, de gens à bout de ressources, inventeurs de combinaisons plus ou moins chimériques, et dégagées de scrupules, que poussent vers ce grand centre de population le besoin de l'oubli, un vague espoir de succès et de médiocres desseins. Voilà, malheureusement, quelques-unes des variétés de la population, étrangère à Paris, qu'y versent chaque jour les bouches béantes des Chemins de Fer, dont les cent bras attractifs s'étendent et se ramifient sur toutes les parties de la France.

Au milieu de cet Océan aux flots toujours agités et toujours renouvelés, il existe une minorité, considérable sans doute, de Parisiens véritables, qui formeraient, si l'on pouvait les discerner et les saisir, l'élément constitutif d'une Commune ; mais, isolés les uns des autres, changeant avec une extrême facilité de logements et de quartiers, ayant leurs familles dispersées sur tous les points de Paris, ils ne s'attachent guère à la mairie d'un arrondissement déterminé, au clocher d'une paroisse particulière. Quel moyen auraient-ils, d'ailleurs, de se reconnaître et de s'entendre sur les vrais intérêts communaux ?

Et alors même que les Parisiens, proprement dits, seraient, par un privilège renouvelé d'un autre âge, mis en mesure de se retrouver dans la ville, de se grouper pour choisir des mandataires chargés de leurs intérêts communs, sauraient-ils toujours se tenir en dehors du courant qui entraîne fatalement ici le Suffrage Universel vers le côté politique des questions ?

VI

CINQ MODALITÉS OPÉRATIONNELLES

Le percement est resté la figure emblématique des interventions du préfet Haussmann. Les cinq textes suivants militent pour la conservation du tissu urbain grâce à l'entretien et à la réutilisation des bâtiments existants. Cette démarche illustre la capacité d'adaptation des équipes professionnelles formées par Haussmann.

L'ENTRETIEN DES BÂTIMENTS, PARTIE INTÉGRANTE DE LA CRÉATION[1]

Les architectes inspecteurs et conducteurs, employés par la ville de Paris, ont été classés, jusqu'à ce jour, en trois services distincts : celui de l'entretien des édifices et des bâtiments communaux ; celui des travaux neufs ; celui de la grande et de la petite voirie.

Les premiers, au nombre de 37, sont divisés en six sections ou agences permanentes, d'après le caractère et la destination des établissements à entretenir. Chaque agence opère, pour ce qui la concerne, sur toute la surface de Paris ; ceux qui en font partie reçoivent des appointements fixes peu élevés ;

1. Préfecture de la Seine, *Documents administratifs*, Paris, 1859-1860, cote BAVP : 21522, Discours du préfet Haussmann du 14 novembre 1859 (répartition des attributions des préfets de Police et de la Seine ; rôle des commissions du conseil municipal), Paris, Charles de Mourgues frères, [s. d.], in-4°, p. 60-64.

mais ils cherchent à obtenir, soit de la ville elle-même, soit d'autres administrations publiques, soit de particuliers, la commande de travaux étrangers à leur service.

Les seconds, engagés par l'administration municipale, seulement pour la construction, l'agrandissement de tel ou tel édifice déterminé, sont constitués en agences spéciales, dont le chef, l'architecte proprement dit, est rémunéré en proportion des sommes qu'il est autorisé à dépenser dans le cours de chaque exercice, mais selon un tarif décroissant à mesure que la dépense est plus forte. Les inspecteurs et conducteurs, placés sous ses ordres, touchent, par mois, des émoluments fixes assez faibles, et sont libres d'employer une partie de leur temps à d'autres travaux. La Ville de Paris, n'est qu'un de leurs clients, et doit se tenir pour satisfaite, dès que sa commande a reçu, dans un délai quelconque, une bonne exécution. D'ailleurs le travail demandé une fois terminé, l'agence est dissoute, et les architectes qui la composent, ne conservent plus aucun lien avec l'administration municipale, si ce n'est le souvenir qu'ils ont laissé de leur talent et de leur exactitude.

Les troisièmes, appointés comme les premiers, et jouissant comme eux du droit de joindre, à leur emploi municipal, la recherche d'une clientèle étrangère, prennent titres de commissaires-voyers divisionnaires, de commissaires-voyers d'arrondissement et d'inspecteurs-voyers.

Je me suis convaincu, après six années d'épreuve, qu'une telle organisation était, dans les trois cas, défectueuse à divers points de vue.

Premièrement, dans l'état présent des choses, il y a déjà un grave inconvénient à obliger chaque architecte de l'entretien à parcourir tout Paris pour faire son service ; mais, après l'extension des limites de la ville, l'inconvénient deviendrait une impossibilité absolue. Il importe de concilier, s'il est possible, l'application à des édifices déterminés, comme les églises, par exemple, de talents spéciaux, avec une certaine localisation des services.

Secondement, pourquoi placer en des mains différentes les travaux d'entretien[1] et les travaux neufs, lorsqu'ils s'appliquent aux établissements de même ordre et de même nature ? La ville ne doit employer que des artistes distingués ; il faut souvent autant d'intelligence et d'art, pour compléter ou restaurer un monument, que pour le créer ; or, celui qui, à force de réparer des églises, des mairies ou des écoles, en a profondément étudié les dispositions intérieures, les avantages, les défectuosités, saura mieux que personne construire des édifices nouveaux parfaitement appropriés aux usages du culte, des administrations d'arrondissement, ou de l'enseignement primaire, et ne tombera pas dans le défaut, si commun, des auteurs de belles façades et d'intérieurs mal agencés. De même, l'architecte créateur d'un bâtiment affecté à un service public, sera plus apte que tout autre à améliorer et à entretenir son œuvre, sous l'action des besoins progressifs et variables que sa construction est destinée à satisfaire.

Troisièmement, pourquoi la Ville de Paris, qui occupe incessamment des agences nombreuses, prend-elle le soin inutile de les former, l'une après l'autre, pour les dissoudre ensuite, lorsqu'il serait plus facile d'en constituer de permanentes, composées d'artistes d'élite, dont elle ne serait plus la cliente, mais qui seraient au contraire à sa complète dévotion ? Elle n'a qu'à s'applaudir d'avoir pour agents de la construction, de l'entretien, du nettoyage, de l'arrosage de la voie publique, de l'éclairage public et privé, des égouts, des eaux, des promenades et plantations, un corps

---

1. "Les grosses réparations, très importantes, et les changements ou renouvellements d'objets mobiliers que réclamèrent, dans le cours de mon édilité, presque tous les Établissements, accusaient l'insuffisance des crédits affectés à l'entretien ordinaire par les administrations précédentes. Je note ici, d'ailleurs, qu'on n'avait pas encore remplacé, par des lits en fer, les vieilles couchettes en bois, si facilement infectées de vermines, et, par des sommiers élastiques, nombre d'anciennes paillasses, encore en usage presque partout." Cf. *Mémoires, op. cit.*, p. 683.

d'ingénieurs, hiérarchiquement organisé, jouissant de traitements fixes, avec certitude de retraite, offrant toutes les garanties de savoir, d'expérience, de désintéressement, et puisant, chaque jour, dans l'étude continue des mêmes objets, des connaissances nouvelles, dont profite le service auquel ils sont attachés.

Jadis, les nombreux plans que fait dresser l'administration municipale étaient demandés à des géomètres entrepreneurs, au risque de retards et d'indiscrétions préjudiciables. L'ancien Conseil Municipal a reconnu, avec moi, la nécessité d'organiser, à l'Hôtel de Ville, un service complet du plan de Paris. Les plus habiles géomètres ont abandonné avec empressement leur cabinet et leur clientèle, c'est-à-dire des honoraires plus élevés que le traitement qui leur était offert, pour avoir l'honneur de servir la Ville. Non seulement, les plans nécessaires aux grands travaux ont été levés, dès lors, avec plus de promptitude et de secret, mais encore il a été possible d'aborder une œuvre immense, la confection d'un plan général du Paris nouveau, avec la confiance de la mener à bonne fin, dans un temps relativement court, et d'obtenir une perfection qui, jusqu'à présent, n'a jamais été atteinte ou dépassée.

Il m'a paru évident que la création d'un corps d'architectes municipaux, ayant à sa tête des hommes éminents et éprouvés, recrutés avec soin parmi les meilleurs élèves de l'École des Beaux-Arts, préalablement soumis à des épreuves spéciales, rémunéré d'une manière convenable, assuré d'une retraite, employé exclusivement aux travaux de la Ville, dégagé de toutes les petites misères de la clientèle, ne manquerait pas d'acquérir une expérience supérieure, et formerait une école savante, honorée, habile à mettre en parfaite harmonie l'élégance extérieure des constructions avec la prévision sagace de tous les besoins que les dispositions intérieures doivent satisfaire. L'art, sans doute, ne peut se passer d'une certaine indépendance. Je ne crois pas qu'elle doive être trop absolue. L'histoire montre ce que le génie a puisé de ressort dans les données qui lui étaient imposées, dans l'exigence même des souverains ou des administrations publiques, dont ils réalisaient les desseins ; mais, d'ailleurs, une œuvre d'architecture n'est pas, comme un tableau, comme un groupe de sculpture, une création pour laquelle le sentiment de l'artiste suffit à peu près seul ; c'est un travail complexe, presque toujours collectif, qui ne devient parfait qu'après de longues corrections, dont le but principal est l'utilité, dont la condition essentielle est un programme impérieux, froidement discuté, source réglée et contenue de l'inspiration véritable. [...]

Le cadre que je vous propose d'adopter a beaucoup d'analogie avec celui des ingénieurs du service municipal. Un architecte de la Ville, directeur, centralisera, tout le service des travaux d'architecture. Il aura sous sa direction deux ordres de fonctionnaires : les uns, appelés architectes en chef, qui se partageront les travaux, d'après le caractère architectural, ou la destination des édifices, églises et temples, lycées et écoles, etc. ; les autres, architectes ordinaires, inspecteurs, conducteurs, se partageront la surface de Paris, pour exécuter, à l'égard de tous les monuments de leur circonscription respective, les ordres qu'ils recevront de leurs chefs. Ainsi, sera résolu le problème qui consiste à tenir compte de la spécialité des aptitudes, et de la dispersion des monuments dans une ville immense.

Au lieu du tarif proportionnel qui donne aujourd'hui pour honoraires, aux architectes des grands travaux de la ville, 3 % sur la première centaine de mille francs dépensée dans une année, 2 1/2 % sur la seconde, 2 % sur la troisième, et ainsi de suite, jusqu'au minimum de 2/10, et qui pourrait inspirer à des hommes moins soucieux de leur dignité, la tentation d'augmenter la dépense et de la faire porter, par le ralentissement du travail, sur le plus grand nombre d'années possible, les architectes du nouveau cadre auront un traitement fixe et, sans sacrifier leurs intérêts, s'efforceront de faire vite, bien, et à bon marché.

[…]

Ce qui vient d'être dit des architectes de l'entretien et des travaux neufs, est bien plus vrai encore des commissaires et des inspecteurs-voyers.

Il importe que des fonctionnaires, ayant la mission de faire exécuter les prescriptions légales concernant l'alignement, la hauteur, la distribution intérieure des maisons privées, les servitudes concernant la façade, l'ornementation, les saillies fixes ou mobiles, etc., etc., d'inspecter sans cesse, de faire rapport au sujet des contraventions, n'aient pas d'autres clients que la Ville même, ou plutôt la règle, dont ils sont les gardiens. L'autorité d'un commissaire-voyer est fort en danger, s'il trouve en contravention quelque propriétaire dont il est l'architecte. Il lui est interdit de construire dans sa circonscription, sans doute ; mais que de sollicitations et de tentations peuvent l'assaillir, quand il s'agit, soit de contrôler les constructions d'un autre commissaire, son collègue, soit d'obtenir telle ou telle mission dans la circonscription d'autrui! D'ailleurs, la surveillance d'un voyer doit être de tous les instants.

J'ai donc préparé l'organisation du nouveau service sur ces bases : rémunérations suffisantes ; interdiction absolue de construire, si ce n'est pour la Ville, au cas où elle le jugerait à propos ; et, pour attribution : la voirie, comprenant ce qu'on appelait naguère la petite et la grande, la surveillance et l'entretien à peu de frais des maisons destinées à la démolition ; enfin, les expertises en matière d'expropriations.

QUAND LA MÉMOIRE INTERDIT
LA DÉMOLITION DU LAID[1]

Après le dégagement des abords du Louvre, la démolition des bicoques immondes qui déshonoraient le voisinage

1. *Ibid.*, p. 1084 *sq.*

de la célèbre colonnade avait laissé libre, en face, un vaste espace où se perdait le relief mesquin de la pauvre église, dont la bizarre construction paraissait être un défi jeté par elle au Grand-Voyer de Paris. M. Fould, ministre d'État et de la maison de l'Empereur, qui avait dans ses attributions les Bâtiments civils et les Beaux-Arts, les Palais Impériaux et les Musées, m'avait mandé pour me proposer carrément de faire place nette, en démolissant Saint-Germain-l'Auxerrois : cette paroisse presque tout entière venait de disparaître sous le marteau des démolisseurs, et n'était protégée, d'ailleurs, disait-il, par aucune valeur artistique. Sauf le porche de l'Église, au sujet duquel je formulai quelque réserve, je tombai d'accord, en principe, avec le Ministre. Néanmoins, je lui montrai la plus grande répugnance à porter la main sur un monument que me semblaient devoir protéger son antiquité même et, aussi, des souvenirs historiques.

"Je n'ai pas plus que vous", lui disais-je, "le culte des vieilles pierres, lorsqu'elles ne sont pas animées d'un souffle artistique ; mais Saint-Germain-l'Auxerrois rappelle une date que j'exècre, comme protestant, et que par cela même je ne me sens pas libre d'effacer du sol parisien, comme Préfet. – Mais, moi aussi, je suis protestant! interrompit le Ministre. – Ah?...." * Je dis au ministre : "C'est bien pis alors! Nous voilà deux protestants, et nous comploterions ensemble la démolition de Saint-Germain-l'Auxerrois? Mais, personne au monde ne voudrait y voir autre chose qu'une revanche de la Saint-Barthélemy!"

M. Fould reconnut que j'étais dans le vrai.

LES ALÉAS DE LA CONSERVATION[1]

Non! ceux qui n'ont pas, ainsi que moi, parcouru le vieux Paris de cette époque en tous sens, ne peuvent s'en faire une idée juste, malgré ce qu'il en est resté forcément ; car,

1. *Ibid.*, p. 810.

je n'ai rien négligé pour l'améliorer, alors, et, si lents que soient leurs effets, les obligations de la Loi d'Alignement et de celles des Bâtiments, d'un côté ; les exigences d'un Public devenant de plus en plus difficile de l'autre, n'ont pu manquer, depuis trente ans passés, d'y produire d'heureux changements.

Néanmoins il est de mode, chez quelques archéologues, se posant comme des mieux informés, d'admirer de confiance ce vieux Paris, qu'ils n'ont certainement connu que dans les livres spéciaux, dans les anciens recueils de dessins et gravures, et de gémir sur la façon cavalière dont l'a "fourragé" le baron Haussmann, qu'ils tiennent, comme ses œuvres, dans un dédain profond !

Mais, bonnes gens, qui, du fond de vos bibliothèques, semblez n'avoir rien vu, citez, du moins, un ancien monument, digne d'intérêt, un édifice précieux pour l'art, curieux par ses souvenirs, que mon administration ait détruit, ou dont elle se soit occupée, sinon pour le dégager et le mettre en aussi grande valeur, en aussi belle perspective que possible !

Et l'achat de l'Hôtel Carnavalet, que je fis faire, afin d'en assurer la conservation et d'y créer, de toutes pièces, un Musée historique parisien, l'avez-vous donc oublié ? Les opérations de voirie complémentaires du premier prolongement de la rue de Rivoli et du dégagement des abords des Halles Centrales qui m'incombèrent dès le début de mon administration, nécessitèrent, ainsi qu'on l'a vu plus haut, des travaux très difficiles et très délicats, et des dépenses non moins considérables qu'imprévues. Elles vinrent compliquer singulièrement l'étude laborieuse à laquelle je me devais avant tout : celle des percements de voies nouvelles tracées par l'Empereur même, sur un de ces plans de Paris d'une exactitude approximative[1], que j'avais pour mission de réaliser, comme le principal article de la transformation de sa capitale.

1. Cf. *infra*, p. 92, "Conflit avec Napoléon III sur la qualité architecturale".

HAUSSMANN ANTICIPATEUR DE LA RÉUTILISATION À D'AUTRES FINS DES ÉDIFICES EXISTANTS[1]

Lors de la translation de l'Hospice des Incurables (Femmes) de la rue de Sèvres à Ivry, les vastes bâtiments de cet établissement magnifique, aux cours bien aérées et plantées de beaux arbres, me semblèrent ne pouvoir être mieux utilisés qu'à l'installation du Lycée qui manquait au Faubourg Saint-Germain. Je me proposai d'y placer Louis-le-Grand.

L'agglomération, dans le Quartier Latin, de trois des cinq Lycées Impériaux de Paris, du Collège Municipal Rollin, de l'Institution libre de Sainte-Barbe, sans parler du Collège des Jésuites de la rue des Postes, me paraissait regrettable à tous égards, surtout au point de vue de l'externat. Déjà était décidée la translation du Collège Rollin à l'Avenue Trudaine sur le versant de la Butte Montmartre, à égale distance des Lycées Bonaparte (aujourd'hui Condorcet) et Charlemagne. Je croyais plus que suffisant de conserver Henri IV, Saint-Louis et Sainte-Barbe sur la Montagne Sainte-Geneviève. Mais la routine, décorée du nom de tradition, l'emporta, cette fois. Après bien des péripéties, mon projet fut écarté.

Dans ces derniers temps, il a fallu créer un nouveau Lycée pour le Faubourg Saint-Germain, Boulevard des Invalides et maintenant (ô sainte routine!) on reconstruit Louis-le-Grand sur l'emplacement trop exigu et peu sain qu'il occupait.

1. *Mémoires, op. cit.*, p. 1092.

VII

CONFLIT AVEC NAPOLÉON III
SUR LA QUALITÉ ARCHITECTURALE[1]

Le Pont Sully, qui franchit les deux bras de la Seine, à la pointe amont de l'île Saint-Louis, où se trouvait autrefois l'hôtel de Bretonvilliers, pour mettre en communication le Boulevard Henri IV et le Boulevard Saint-Germain, n'avait pas encore été commencé quand je quittai l'Hôtel de Ville, bien que j'en eusse fait dresser le projet, parce que l'Empereur s'était refusé formellement à l'approuver.

Conformément à mes indications, l'ingénieur chargé du travail avait établi les deux parties du pont dans le prolongement de l'axe du Boulevard Henri IV, qui devait rejoindre celui du Boulevard Saint-Germain, au croisement du Quai Saint-Bernard, sans se préoccuper autrement du cours du grand ni du petit bras, puisqu'on ne devait fonder aucune pile en rivière. Cette disposition était d'autant mieux justifiée que le Boulevard Henri IV, ouvert déjà, suivait une ligne droite allant de la Colonne de la Bastille au Dôme du Panthéon, qui lui faisaient perspective à l'une et à l'autre de ses extrémités, et que l'axe du Boulevard Saint-Germain atteignait celui du Quai Saint-Bernard, juste au point de passage de cette ligne.

Je conviens que le hasard n'avait pas seul produit ces coïncidences.

Mais, l'Empereur, qui n'aimait pas les ponts biais, que je condamnais moi-même en thèse générale, ne voulut jamais

---

1. *Ibid.*, p. 748.

admettre que, dans la circonstance, il fallût s'y résigner, et, plutôt que d'infliger à mon alignement droit les brisures, d'un effet horrible, qu'aurait exigées l'établissement normal de chacune des deux parties du Pont, suivant une ligne perpendiculaire à l'axe du bras du fleuve qu'elle devait couper, je rentrai le projet dans mon portefeuille, en attendant une occasion meilleure, qui me manqua, faute de temps, pour l'en faire ressortir.

J'avais eu le tort, en effet, cette fois-là, de parler des perspectives de la Colonne de la Bastille, d'une part, et du Dôme du Panthéon, de l'autre. L'Empereur, *, me reprochait d'être trop artiste en matière d'édilité ; de trop sacrifier à la correction des alignements, et de trop chercher des points de vue pouvant justifier la direction des Voies publiques. "À Londres", me disait-il, "on ne s'occupe que de satisfaire le mieux possible aux besoins de la circulation." Ma réponse invariable était : "Sire, les Parisiens ne sont pas des Anglais ; il leur faut davantage."

Après l'ouverture du Boulevard Saint-Michel, l'Empereur, descendant la section inférieure de cette grande voie, comprise entre la rue des Écoles et la Place précédant le Pont, s'aperçut qu'on y voyait, en face de soi, la flèche de la Sainte-Chapelle. Forcé d'accepter, pour la section supérieure, l'alignement de la façade du Lycée Saint-Louis, j'avais, en effet, déterminé l'infléchissement que, plus bas, le Boulevard devait subir pour gagner le Pont Saint-Michel, de manière à m'en dédommager par cette perspective, et à le conduire, néanmoins, sur la Place, comme le Boulevard Saint-André, qui lui fait pendant, au point où les axes de ces deux voies rencontrent celui du Pont même. – "Ah !" me dit l'Empereur en souriant, "je sais maintenant pourquoi vous teniez tant à votre arrangement symétrique de la Place. Vous vouliez vous assurer ce point de vue. – J'en conviens", répondis-je ; "mais, pour l'obtenir, je n'ai fait aucun sacrifice. Au contraire, j'ai racheté la disgrâce du pli du Boulevard, que nous ne pouvions éviter."

Il s'agissait heureusement d'un fait accompli.

VIII

LES INGÉNIEURS ET LES ARCHITECTES[1]

Tout au long des Mémoires, *mais plus particulièrement dans le tome III dont il corrigeait les épreuves au moment de sa mort, Haussmann s'est référé aux praticiens, ingénieurs et architectes, agents de la transformation de Paris, avec lesquels il était en contact permanent.*

La démarche préconisée par le Préfet coïncide avec le constat dressé par Viollet-le-Duc dans la Préface de son Dictionnaire raisonné[2] *comme avec les conclusions des* Entretiens sur l'architecture[3] *du même auteur.*

En effet, si l'École des Beaux-Arts, placée sous son patronage, a doté le pays d'architectes de grand talent et d'un

1. *Mémoires, op. cit.*, p. 1072.
2. *Op. cit., supra.*
3. "Quand on voit aujourd'hui la grande ferronnerie employée il y a vingt ans dans l'architecture, et que l'on compare ces armatures compliquées, peu résistantes, lourdes et dispendieuses par conséquent, à celles adoptées depuis quelques années à peine, il est impossible de ne pas signaler un progrès notable. Sont-ce les architectes en renom qui ont été les promoteurs de ce progrès ? Malheureusement non, ce sont nos ingénieurs ; mais ceux-ci soumis, en fait d'architecture, à un enseignement très-borné, n'ont su employer le fer qu'en vue de l'utilité pratique, sans se préoccuper des formes d'art ; et nous, architectes, qui aurions pu leur venir en aide, lorsqu'il s'agit de la forme, nous avons repoussé au contraire tant que nous avons pu ces nouveaux éléments, ou si nous les avons adoptés, ce n'a été qu'en reproduisant ces moyens purement pratiques trouvés par les ingénieurs constructeurs et en les dissimulant, je le répète, sous certaines formes consacrées par la tradition." Cf. *Entretiens sur l'architecture*, Paris, A. Morel et Cie, 1863, p. 75.

goût irréprochable, dont, pour ma part, je me suis fait un devoir et un honneur d'invoquer le concours en tant d'occasions, j'ai la hardiesse de dire, au risque de tout, que, parmi eux, ne s'est point révélé, sous l'Empire, un de ces artistes dont le génie transforme son art et l'appoprie aux aspirations de temps nouveaux.

L'École des Ponts et Chaussées fut bien plus féconde, et cela se comprend, dans un siècle où les sciences positives, où l'art et le talent pratiques de l'Ingénieur ont fait des pas de géant, auxquels on ne peut rien opposer de comparable. Toujours est-il qu'on lui doit les Alphand, les Belgrand, et que, si Deschamps[1], le chef trop peu connu du Service du Plan de Paris, qui mériterait d'être placé presque au niveau de ces hommes d'élite, dans l'estime et la reconnaissance des Parisiens, étudia sur les bancs de la première, il les quitta, comme un transfuge, pour devenir Architecte-Voyer ; Géomètre de la Ville ; et, graduellement, le Grand-Voyer véritable de cette Cité-Reine ; le gardien de la Loi (trop insuffisante) des bâtiments ; mais, par-dessus tout, l'inspirateur du tracé de beaucoup de ces grandes voies nouvelles qu'on admire ; le praticien habile qui sut donner, à toutes, la direction la moins dommageable, et cependant, la mieux appropriée aux dispositions du sol ; aux besoins de la circulation ; aux belles perspectives ; et déterminer, sur place, les alignements et les points de niveau, avec une telle précision, que, jamais, la moindre erreur ne fut commise par les constructeurs des maisons édifiées avant l'ouverture de ces voies, soit, à une extrémité ; soit, à l'autre, ou sur un point quelconque de leur parcours.

1. Architecte-voyer, et donc fonctionnaire, Deschamps incarne là une compétence totalement étrangère à la pratique des architectes libéraux issus de l'École des beaux-arts. Cf. Viollet-le-Duc, *ibid.*, p. 406.

IX

LE DESSIN

La pratique du dessin à main levée, acquise par Haussmann au cours de ses études scientifiques, lui permet un engagement du corps entier et de la sensibilité esthétique dans la reproduction de l'espace physique. Il peut ainsi corriger à la fois la démarche abstraite des ingénieurs et l'enseignement néoclassique donné aux architectes à l'École des beaux-arts.

ENSEIGNEMENT DU DESSIN

M. Dumas[1] m'aida puissamment à développer l'Instruction Primaire, l'Enseignement Professionnel, et, spécialement, à créer, dans les écoles, des classes de Dessin.

DESSIN TECHNIQUE

Architecte, je ne doute pas qu'après un stage convenable [M. Deschamps[2]] ne se fût promptement fait distinguer par son savoir et par son goût, ainsi que nombre de ses anciens camarades que j'ai vus parvenir aux positions les plus en vue, s'il en eût été, comme eux, placé, dès ses débuts à la Ville, dans le Service des Travaux ; mais il entra dans celui des

1. *Mémoires, op. cit.*, p. 545.
2. *Ibid.*, p. 796.

96

Architectes-Voyers, où la géométrie et le dessin graphique jouent un rôle plus important que l'architecture proprement dite. Il faut y connaître à fond, sans doute, les lois de la construction, la valeur comparative des matériaux, leurs qualités de résistance et tout ce qui touche au métier ; mais un bagage artistique y devient beaucoup moins nécessaire, sinon tout à fait superflu.

M. Deschamps ne tarda pas à se montrer géomètre accompli, dessinateur extrêmement habile, et, par-dessus tout, Architecte-Voyer d'une intelligence rare. En 1853, il était chargé de la garde des plans d'alignement des Voies publiques de tout ordre, avec le titre pompeux, mais inexact, de Conservateur du Plan de Paris ; car il n'existait encore alors aucun plan d'ensemble de la Ville, revêtu d'un caractère officiel. Il avait, comme auxiliaires, quatre Géomètres titulaires et un Géomètre-Vérificateur. Il relevait du Bureau de la Voirie de Paris, placé dans la même division que ceux des Ponts et Chaussées et de la Voirie Vicinale, des Eaux et du Pavé de Paris, de l'Architecture et des Carrières.

DESSINS DE HAUSSMANN

Baltard[1], encore un de mes anciens du Collège Henri IV, [...] un grand prix de Rome ; un membre de l'Académie des Beaux-Arts, avait conçu les Halles Centrales en belles pierres de taille, bien massives, et ne les fit en fer qu'à son corps défendant, sur un croquis de l'Empereur, développé par moi dans un dessin, à main levée, lui donnant le plan et l'élévation générale de cet édifice bien moderne, *.

Oui, le Préfet de la Seine de l'Empire était un administrateur doublé d'un artiste ; épris de toutes les grandes choses ; facilement séduit par l'harmonie des vastes ensembles ; ravi par cette poésie de l'ordre et de l'équilibre, qui nous émerveille au spectacle du firmament ; passionné pour le Beau,

---

1. *Ibid.*, p. 68.

cette forme excellente, artistique, du Bien, et considérant beaucoup du reste comme secondaire ; mais sachant, par expérience, que les choses secondaires ne sont pas à négliger. Elles jouent, au fond, dans ce Monde, le rôle le plus considérable, en ce sens qu'elles nous enserrent de toutes parts : dès lors, il nous faut, non seulement, en tenir compte, de gré ou de force ; mais encore, y consacrer tout le soin qu'elles méritent.

L'Empereur[1], enchanté de la Gare de l'Est, qui venait d'être achevée par M. Armand, Ingénieur-Architecte de la Compagnie, concevait les Halles Centrales construites d'après ce type de hall couvert en charpentes de fer, vitrées, qui abrite le départ et l'arrivée des trains. – "Ce sont de vastes parapluies qu'il me faut ; rien de plus !" me dit-il un jour, en me chargeant de recevoir et de classer, pour les lui soumettre, les avant-projets qu'il avait provoqués, et en m'esquissant, par quelques traits de crayon, la silhouette qu'il avait en vue.

J'emportai le bout de papier dépositaire de la pensée auguste. Après avoir tracé, d'abord, sur un plan de Paris, la très large voie dont je croyais indispensable de ménager le passage au milieu des Halles pour desservir la circulation très active établie entre la Pointe Saint-Eustache et la Place du Châtelet, j'y déterminai le périmètre des deux groupes de pavillons que l'on voit aujourd'hui ; mais l'un d'eux, celui qui fait face à l'Église, est demeuré inachevé, dans l'attente du dégagement de la Halle aux Blés qu'il devait rejoindre et que j'avais prise pour objectif de la grande voie couverte qui les traversait l'un et l'autre dans le sens de leur longueur. Puis je fis un croquis absolument conforme à l'esquisse impériale de l'élévation de ces groupes de pavillons ou plutôt de ces "vastes parapluies" séparés par des rues croisant la grande voie transversale et couvertes, comme elle, par des toits élevés à grands pignons. Après quoi, je fis appeler

1. *Ibid.*, p. 1072.

Baltard et je lui dis : – "Il s'agit de prendre votre revanche. Faites-moi, au plus vite, un avant-projet suivant ces indications. Du fer, du fer, rien que du fer !"

Je remis à M. Ballu[1] un croquis de la silhouette que le tout devait avoir pour répondre à mon idée. Après la rédaction de son projet, il en fit une maquette en plâtre qui me donna toute satisfaction, et c'est grâce à ces précautions et au talent d'exécution si souple de M. Ballu, que la Trinité se trouve être, non pas un monument très remarquable ni grandement estimé de certains maîtres de l'art, mais un de ceux du nouveau Paris que le public a le mieux adoptés.

1. *Ibid.*, p. 1094.

X

HAUSSMANN ET VOLTAIRE, MÊME COMBAT[1]

Quand Voltaire décrivait les embellissements de Paris[2] qu'il souhaitait ardemment de voir entreprendre, et que notre génération a vus s'accomplir dans des proportions plus larges encore, [...] il incitait "le Corps de Ville" à demander l'établissement d'une taxe "sur les habitants, sur les maisons, sur les denrées". Il allait plus loin : il voulait que l'Hôtel de Ville empruntât "en rentes viagères, en rentes tournantes", et même qu'il fît "une loterie bien combinée" ; en un mot, il n'hésitait pas à provoquer tous les procédés d'impôts et tous les moyens de trésorerie connus de son temps, pour assurer le succès de l'Entreprise nationale qu'il appelait de ses vœux.

Il est curieux, au reste, de trouver, dans son discours, toute une démonstration de la théorie des Dépenses Productives, qui remonte ainsi à plus d'un siècle.

Ce merveilleux esprit avait même deviné que les Grands Travaux de Paris profiteraient au moins autant au Trésor de l'État qu'aux Finances de la Ville. Par ce motif, il était juste, suivant lui, de faire contribuer le revenu public, dans une large mesure, aux embellissements projetés.

---

1. *Mémoires*, p. 753. Autocitation d'un "Rapport à l'Empereur" du 20 mai 1868.
2. Cf. le texte ironiquement intitulé *Des embellissements de Paris* (1749), in *Œuvres de Voltaire*, t. XXXIX, *Mélanges* – t. III, Paris, Librairie Lefèvre, 1830.

De nos jours, le revenu public contribue, je le reconnais, aux améliorations dont Voltaire plaidait si chaleureusement la cause, mais dans une mesure modeste (un peu plus de quatre-vingts millions, sur plus de deux milliards et demi). Quant au Corps de Ville, en exercice, il a mieux fait qu'on ne demandait à son devancier : il n'a pas établi de Surimpositions, ni de Surtaxes ; – il a même l'ambition de couronner son œuvre par un dégrèvement très sensible des contribuables ; – et si, conformément aux traditions établies, il a cru devoir ajouter l'appât de quelques lots à l'intérêt des Obligations Municipales, loin de créer des rentes viagères ni des rentes perpétuelles, il a pris des mesures pour assurer le remboursement du capital de ses emprunts au moyen des seuls revenus de la Ville.

RECONNAISSANCE DES AUTEURS
ÉTRANGERS ET FRANÇAIS

Les temps n'ont pas changé… Au fil de sa carrière parisienne comme après la Commune, les admirateurs de Haussmann viennent en grande majorité des pays étrangers, européens ou américains.

ILDEFONS CERDÀ

Ingénieur, architecte et concepteur du Plan régulateur de Barcelone faisant suite à la destruction des murailles de l'ancienne cité, le Catalan Ildefons Cerdà (1815-1876) se rendit une première fois à Paris en 1856 pour mesurer le travail entrepris par Haussmann, notamment en matière de voirie. Il y revint à l'occasion de l'Exposition universelle de 1867, l'année où il venait de publier la *Teoría general de la urbanización. Reforma y ensanche de Barcelona* : deux volumes de plus de 1 500 pages au total, associant à une approche théorique, d'innombrables plans et documents statistiques[1]. Il donnait ainsi un nom à une discipline qui n'en avait pas, et allait recevoir en français celui

1. Cf. *La Théorie générale de l'urbanisation*, Paris, Seuil, 1979, sélection synthétique d'extraits, conçue et traduite en français, sous la forme d'un petit volume de 200 pages, par Antonio Lopez de Aberasturi, a été adoptée et reprise en italien et en anglais. Ce sont les seules traductions de cet ouvrage, irreproductible dans son entièreté. Le sous-titre de l'ouvrage signifie "transformation et développement".

d'"urbanisme". Non seulement Haussmann ignora le terme, mais son empirisme l'oppose radicalement à Cerdà pour qui l'*urbanización* est une discipline scientifique et modélisante (marquée par l'utopie).

Antonio Lopez de Aberasturi nous signale aujourd'hui que, lorsque Cerdà dut recourir à l'expropriation pour acquérir les parcelles nécessaires à la construction des équipements et logements nouveaux, il fit approuver un décret directement inspiré par les procédures de Haussmann.

QUINTINO SELLA

Quintino Sella (1827-1884), ministre des Finances italien, demande à Haussmann, en 1870, l'aide de ses conseils pour la modernisation du plan de Rome. Ce dernier lui fait comprendre que la ville antique est un monument historique en soi et qu'il lui faut fonder une ville nouvelle à Monte Mario, anticipant ainsi la création de l'EUR[1].

INIGO TRIGGS

Inigo Triggs, architecte et théoricien anglais de l'art des jardins (1876-1923) constate en 1909 : "Tout l'effort entrepris en Europe pour renouveler les villes a pour origine les plans à longue portée du Baron Haussmann[2]."

---

1. Cf. Paolo Sica, *Storia dell'urbanistica. L'Ottocento*, Rome-Bari, Laterza, 1991, et Silvano Tintori, "L'urbanistica « borghese » in Italia : i primi piani post-unitari", *in* Giuseppe Dato (sous la dir. de), *L'Urbanistica di Haussmann : un modello impossibile?*, Rome, Officina, 1995.
2. *Town Planning Past, Present and Possible*, Londres, Methuen & Co., 1911.

FREDERICK LAW OLMSTED

Frederick Law Olmsted (1822-1903), concepteur des grands parcs naturels américains et, à New York, de Central Park, fut un admirateur de Haussmann et lui emprunta la notion d'"espace vert" public, ainsi qu'un certain nombre d'éléments de mobilier urbain. Dans le volume III de ses écrits, *Creating Central Park 1857-1861*[1], il raconte sa visite à Paris en 1858 : "Je rencontrai Mr. Phalen, antérieurement administrateur de Central Park, mais qui conservait un intérêt inentamé pour notre entreprise. Il me présenta M. Alphand, l'ingénieur en chef des Ponts et Chaussées, responsable des améliorations entreprises à la périphérie de Paris. Celui-ci me fournit aimablement les informations que je lui demandais et chargea un ingénieur de me faire visiter le bois de Boulogne. Je restai quinze jours à Paris, observant tout ce que je pouvais, tous les espaces publics et les promenades [...]. Je fis ainsi huit visites au bois de Boulogne."

GEORGE SAND[2]

"Aujourd'hui que de grandes percées, trop droites pour l'œil artiste mais éminemment sûres, nous permettent d'aller longtemps, les mains dans les poches, sans nous égarer et sans être forcés de consulter à chaque instant le commissionnaire du coin ou l'affable épicier de la rue, c'est une bénédiction que de cheminer le long d'un large trottoir, sans rien écouter et sans rien regarder, état fort agréable de la rêverie qui n'empêche pas de voir et d'entendre. [...]

1. Baltimore, The Johns Hopkins University Press, 1983.
2. George Sand entretint les meilleurs rapports avec Haussmann lorsque, jeune sous-préfet de Nérac, il l'aida à se séparer de son mari, à récupérer sa fille et à trouver "le meilleur logement dont il pouvait disposer" (cf. *Mémoires, op. cit.*, p. 149-152). Mais elle déclara une guerre politique au Baron dès que celui-ci devint préfet de l'Empire.

Mais nous voici, nous autres distraits, dans les nouveaux jardins publics, et tout à coup nous devenons attentifs [...]. Voici de la verdure : on y court, on ouvre les yeux. [...]

Mille autres plantes éveillent les notions géographiques, d'où découlent toutes les autres notions scientifiques, sociales, économiques, historiques, religieuses, politiques, industrielles. Voici l'enfant du peuple initié au besoin de connaître, de trouver et d'agir, par le frère oublieux de la misère, par le luxe. La France n'est pas encore assez riche pour donner l'instruction gratuite ; des millions sont dépensés en détail pour la donner indirectement : n'y a-t-il pas là de quoi rêver[1] ?"

1. *Paris – Guide, par les principaux écrivains et artistes de la France*, Paris, Librairie internationale A. Lacroix, Verboeckhoven et Cie éditeurs, 1867, 6 vol. George Sand, "La rêverie à Paris", t. IV, p. 1196-1203.

SÉQUENCE PHOTOGRAPHIQUE
DU BOULEVARD SAINT-GERMAIN

Au fil de ses plus grandes percées à vocation hygiénique et circulatoire, Haussmann n'a jamais cessé de conserver les édifices anciens les plus modestes, mais en bon état, qui constituent la mémoire de la ville. Nos exemples émaillent le boulevard Saint-Germain, entre la rue des Saints-Pères et la rue du Bac, sur une section d'environ 300 mètres. D'autres exemples jalonnent le reste du boulevard et les tissus urbains qu'il traverse. Le même travail aurait pu être accompli le long du boulevard Sébastopol ou d'autres percées aussi significatives.

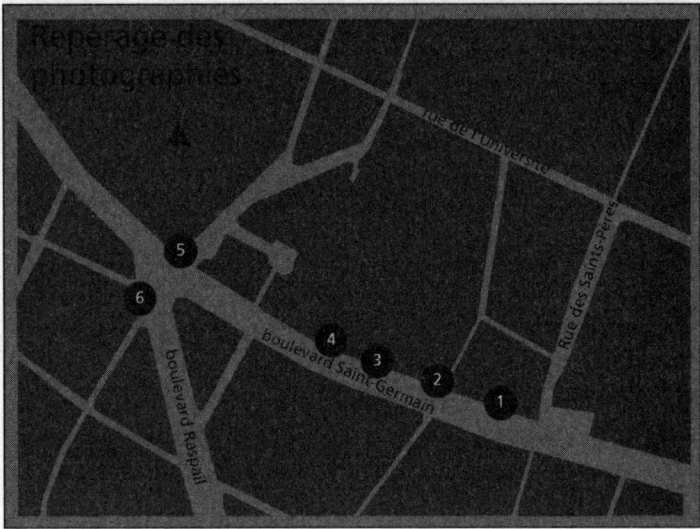

Repérage des photographies

1. 190, boulevard Saint-Germain

2. 202, boulevard Saint-Germain

3. 205, boulevard Saint-Germain

4. 206, boulevard Saint-Germain

5. 220, boulevard Saint-Germain

6. 228, boulevard Saint-Germain

TABLE

Ouvrage réalisé
par l'Atelier graphique Actes Sud.
Achevé d'imprimer
en août 2013
par Normandie Roto Impression s.a.s.
61250 Lonrai
sur papier fabriqué à partir de bois provenant
de forêts gérées durablement
pour le compte
des éditions Actes Sud
Le Méjan
Place Nina-Berberova
13200 Arles.

Dépôt légal
1re édition : septembre 2013

N° impr. : 132907
(Imprimé en France)